C.H.BECK WISSEN

in der Beck'schen Reihe

Dieses Buch liefert einen Überblick zur Geschichte rassistischer Ideologien und Praktiken vom Altertum bis heute. Bereits in der Antike und im Mittelalter wurden bestimmte Gruppen aus der Gesellschaft ausgegrenzt. Eine zusammenhängende Geschichte des Rassismus beginnt aber erst mit der Entstehung des Begriffs ‹Rasse› und seiner Anwendung auf menschliche Gruppen im ausgehenden 15. Jahrhundert. Von der europäischen Expansion über den Sklavenhandel bis zu den imperialen, nationalen und totalitären Kontexten des 19. und 20. Jahrhunderts hat sich der Rassismus stetig weiterentwickelt. Ein Ende seiner Geschichte ist auch heute nicht absehbar.

Christian Geulen ist Juniorprofessor für Neuere Geschichte an der Universität Koblenz-Landau. Zuletzt erschien von ihm: Wahlverwandte. Rassendiskurs und Nationalismus im späten 19. Jahrhundert (2004).

Christian Geulen

GESCHICHTE DES RASSISMUS

Verlag C. H. Beck

Originalausgabe

Gesamtherstellung: Druckerei C. H. Beck, Nördlingen
Umschlagentwurf: Uwe Göbel, München
Printed in Germany
ISBN 978 3 406 53624 3

www.beck.de

Inhalt

I. Was ist Rassismus?

Der Rassismus ist eine Übertreibung. Wo immer wir ihm begegnen, haben wir es mit einseitigen und extremen Entstellungen der Wirklichkeit zu tun: überzogene Selbst- und herabsetzende Fremdbilder, gewalttätige Ausgrenzung bis hin zum Vernichtungswahn, radikale Unterdrückung, übersteigerter Haß oder übertriebene Diffamierung. Unabhängig davon, was wir im Einzelnen als Rassismus bezeichnen, es beinhaltet regelmäßig einen Extremismus, der sich dem unmittelbaren Verständnis zunächst entzieht. Stattdessen spiegelt ihn die öffentliche Wahrnehmung häufig nur wider, indem sie den Rassismus als ‹Grundübel› und ‹Geißel› der Menschheit beschreibt, als ‹Krankheit› und ‹Wahn›, als ‹Perversion› der Moderne, als ‹Virus› oder ‹auszurottende Plage› der Gesellschaft.

Hier wird eine Unsicherheit in unserer Wahrnehmung des Phänomens Rassismus deutlich, und das, obwohl wir sicher zu wissen meinen, was Rassismus ist und woran man ihn erkennen kann. Wir betrachten ihn als eine Festschreibung und Essentialisierung menschlicher Ungleichheit und übersehen, daß wir damit weniger seine Funktionsweise beschreiben als die Weltsicht beim Wort nehmen, die er selber propagiert. Auch schreiben wir dem Rassismus häufig eine fast unendliche Langlebigkeit zu und gehen davon aus, daß er Geschichte und Zivilisation seit ihren frühesten Anfängen begleitet habe, ohne dies aber genauer zu prüfen. Schließlich nehmen wir an, daß er allein auf Lügen beruhe, die sich durch wissenschaftliche Aufklärung widerlegen ließen – und vergessen, wie häufig sich gerade der Rassismus auf wissenschaftliche Erkenntnis beruft.

Von solchen Vorannahmen will sich die vorliegende Darstellung weitgehend absetzen. Der Rassismus ist weder natürlich noch universal oder in anderer Weise metahistorisch, sondern ein Produkt menschlicher Kultur, eine Hervorbringung menschlichen Denkens, eine Form menschlichen Handelns und somit ein durch und durch historisches Phänomen. Das bedeutet vor allem: Der Rassismus ist wandelbar und er hat sich im Laufe der Geschichte in der Tat immer wieder verändert. Gemeinsamkeiten, die uns dennoch erlauben, seine historisch verschiedenen Formen miteinander zu verknüpfen, stehen nicht vorab fest, sondern stellen sich erst bei ihrer genaueren Betrachtung heraus: als wiederkehrende Strukturmerkmale und realhistorische Zusammenhänge. Diese Geschichte des Rassismus in ihren wesentlichen Phasen und Wendepunkten darzustellen, ist die Absicht des vorliegenden Buches.

Es ist von dem Interesse bestimmt, den Rassismus nicht länger als das fundamental Andere unserer politischen Vernunft hinzustellen, sondern ihn historisch als das zu erkennen, was er ist: ein Erbe der geschichtlichen Entwicklung unseres modernen Denkens und damit ein Teil unserer modernen Rationalität. Damit ist keineswegs eine Aufwertung des Rassismus verbunden. Im Gegenteil: nur wenn wir erkennen, auf welche Weise der Rassismus an die Grundmaximen unseres Denkens anschließt, sich ihnen anverwandelt oder sie instrumentalisiert, sind wir in der Lage, seine Wirkungsmacht zu begreifen und seine Überzeugungskraft effektiv zu mindern. Denn an Wirkungsmacht und Überzeugung hat der Rassismus bis heute leider wenig eingebüßt:

Die ethnischen ‹Säuberungen› und Genozide im ehemaligen Jugoslawien, in Ruanda oder anderswo; die ausländerfeindlichen, antisemitischen oder antimuslimischen Stimmungen und Übergriffe in Europa; die strukturelle Diskriminierung der Schwarzen in den USA und die daraus immer wieder resultierenden Rassenunruhen; die immer wieder zu Gewaltexzessen führenden ethnisch-religiösen Auseinandersetzungen im Nahen und Mittleren Osten; die nach wie vor desolate Lage der meisten Staaten und Völker in der sog. Dritten Welt und ihre strukturelle Abhängigkeit vom Wohlwollen der modernen Industriestaaten; die keineswegs nur den Islam betreffende Fundamentalisierung religiöser Weltbilder und kultureller Identitäten; die damit einhergehende Umdeutung und Radikalisierung von Interessenkonflikten zu Überlebenskämpfen ganzer Völker und Kulturen; die sich als sicherheitspolitische Praxis verbreitende Aufhebung der Bürger- und Menschenrechte für bestimmte Gruppen in angeblich existenziellen Krisenzeiten; die Politik der Abschottung westlicher Staaten gegenüber einer angeblichen ‹Flut› von Wirtschaftsflüchtlingen; die von der modernen Kulturindustrie in immer neuen Varianten reproduzierten Bilder von den angeblichen Charakteren der Rassen, Völker, Kulturen oder Nationen; und schließlich die Phantasien einer gentechnologischen Kontrolle und Manipulation physischer und psychischer Eigenschaften des Menschen und der neue Glaube an einen biologischen Determinismus – alle diese Phänomene verweisen in so unterschiedlicher wie signifikanter Weise auf die Geschichte des Rassismus.

Zumindest legen sie den Schluß nahe, daß diese Geschichte keineswegs an ein Ende gelangt ist. Manches deutet sogar darauf hin, daß wir an der Schwelle einer Epoche stehen, in der eine regelrechte Renaissance des Rassismus zumindest möglich erscheint. Besonders zwei, in einem Spannungsverhältnis zueinander stehende Entwicklungystendenzen sind hier relevant: einerseits die ‹Globalisierung› genannte raum-zeitliche Verdichtung unserer planetaren Lebenswelt durch immer engere Kommunikations- und Verkehrsnetzwerke; andererseits die damit keineswegs geschwächte, sich vielmehr weltweit erneuernde Tendenz zur Stärkung und gewaltsamen Durchsetzung partikularen Eigensinns. Der Zusammenhang liegt auf der Hand: seit wir von Globalisierung reden, sehen wir uns vermehrt mit neuen Phänomenen der Behauptung nationaler oder kultureller Besonderheit konfrontiert. Die Globalisierung vervielfältigt die Konfliktlinien, statt sie zum Verschwinden zu bringen, erzeugt neue Grenzen und produziert neue Formen der Identität und Zugehörigkeit.

Warum aber könnte in einer solchen Konstellation ausgerechnet der Rassismus wieder eine prominente Rolle spielen? Weil der Rassismus wie keine andere Ideologie das Verhältnis von Teil und Ganzem, von Gattung und Art, von Universalität und Partikularität zu seinem bevorzugten Problem erklärt und dabei endgültige Lösungen verspricht. Der Rassismus ist zunächst nichts anderes als eine ‹Lehre› von den Menschenrassen, von ihrem Verhältnis zueinander und zur Menschheit als Ganzem, von ihrem jeweiligen Charakter, von ihrem verschiedenen Wert und vor allem von ihrem ewigen Kampf. Unabhängig davon, auf welche wahren oder falschen, biologischen oder sozialen, kulturellen oder *ad hoc* erfundenen Wissensbestände der Rassismus auch Bezug nimmt – sein Hauptthema ist der Kampf als ‹Rassen› imaginierter Gemeinschaften um Selbstbehauptung, Geltung, Überleben und Überlegenheit. Und die Lösung, die er der jeweils bevorzugten Gemeinschaft anbietet, das Rezept gleichsam, mit dem diese den Kampf für sich entscheiden kann, ist – die Übertreibung.

Die Hypostasierung des Eigenen durch Diffamierung und Ausgrenzung des Anderen, Fremden; die übertreibende Umwandlung kollektiver Differenz in Hierarchien des ‹Überlegenen› und ‹Minderwertigen›; kollektive Anfeindung bis zum Vertreibungs- oder gar Vernichtungswillen – das sind die wesentlichen Strategien, die der Rassismus Gemeinschaften in Krisenzeiten gefährdeter Selbstbehauptung anbietet, wenn die hergebrachten Regeln von Zugehörigkeit und Nicht-Zugehörigkeit real oder scheinbar delegitimiert sind. Bevorzugt in Reaktion auf solche Verunsicherungen verspricht der Rassismus Ordnung durch Übertreibung. Er verspricht, Zugehörigkeit durch die praktische Verwirklichung ‹natürlicher› Verhältnisse zu stabilisieren.

In unserer zunehmend globalisierten Welt scheint Zugehörigkeit in einem besonders hohen Maß unsicher zu werden. Dennoch ist die Globalisierung, wie Historiker mit Recht betonen, kein so völlig neues Phänomen wie es in der Öffentlichkeit häufig angenommen wird. Bereits im 16. Jahrhundert, im Zeitalter der Aufklärung und dann wieder in der Hochphase des Imperialismus am Ende des 19. Jahrhunderts erlebte die Welt Globalisierungsschübe, in deren Verlauf überkommene Formen der kulturellen, sozialen oder politischen Vergemeinschaftung grundlegend in Frage gestellt wurden. In allen drei Phasen erschienen rassistische Weltbilder auf einmal sehr plausibel und hatten zum Teil radikale Formen rassistischer Praxis zur Folge.

Das heißt nicht, daß dies für die gegenwärtige Welle der Globalisierung ebenfalls zutreffen muß. Vor allem heißt es nicht, daß wir gleichen oder auch nur ähnlichen Formen des Rassismus entgegensehen. Doch neue, noch unbekannte oder sich gerade erst herausbildende Formen rassistischer Denkweisen und rassistischer Praxis sind angesichts der globalen Konstellation am Beginn des 21. Jahrhunderts durchaus erwartbar.

Praxis oder Ideologie?

Rassismus wird heute zum einen als ein Weltbild angesehen, als eine Einstellung, die bestimmten Trägergruppen als mentale Disposition zugeschrieben und häufig als Folge von Unwissenheit und sozialen Statusängsten erklärt wird. So ist etwa beim Blick auf rechtsextremes Wahlverhalten in Ostdeutschland in den Medien nicht selten von einer Zunahme rassistischer Einstellungen zu lesen. Zum anderen wird der Rassismus als eine Art Erklärungsformel immer dort herangezogen, wo Praktiken der Ausgrenzung eine besonders radikale und gewalttätige Form annehmen. So fragt man bei Gewalttaten gegen ‹Ausländer› regelmäßig nach möglichen rassistischen Motiven – und ist um so beruhigter, wenn es heißt, man könne diese ausschließen.

In beiden Fällen ist der Rassismusbegriff eine Leerformel, die etwas bezeichnet, das entweder bloße Funktion externer Verhältnisse ist (die Arbeitslosigkeit im Osten und der Rassismus als ihre Folge) oder aber als eine scheinbar selbstevidente ‹Erklärung› bestimmter Praktiken auftritt (Rassismus als abstraktes Motiv für Gewalttaten). Dieser Sprachgebrauch hat dem Rassismus den Anschein einer Selbstverständlichkeit und den Charakter einer im Grunde simplen, wenn nicht gar ‹primitiven› Ideologie und ‹barbarischen› Praxis verliehen, der die tatsächliche Komplexität des Phänomens in gefährlicher Weise verschleiert.

Demgegenüber erscheint es sinnvoller, den Rassismus nüchtern und zugleich genauer als einen Versuch zu verstehen, in Zeiten verunsicherter Zugehörigkeit entweder hergebrachte oder aber neue Grenzen von Zugehörigkeit *theoretisch zu be-*

gründen und *praktisch herzustellen.* Die theoretische Begründung erfolgt auf dem Wege der Produktion eines bestimmten Wissens, erstens, über die angeblich wahre Natur derjenigen, die in die eigene Gemeinschaft einzuschließen bzw. aus ihr auszuschließen sind, und zweitens, über die generelle und naturgewollte Lebensnotwendigkeit solcher Unterscheidungen zwischen dem Eigenen und dem Fremden. Ihre praktische Herstellung manifestiert sich dann in vielfältigen und oftmals gewaltsamen Bemühungen, die erfahrbare Wirklichkeit dem theoretischen Wissen anzupassen, die Welt also nach Maßgabe der Theorie zu gestalten und der angeblichen Natur ihr Recht zu verschaffen.

Darin liegt die besondere und unauflösliche Beziehung zwischen rassistischer Ideologie und rassistischer Praxis: sie plausibilisieren sich gegenseitig. Der Ruf ‹Ausländer raus› etwa ist sowohl die Formel eines angenommenen Naturgesetzes als auch direkte Handlungsaufforderung. Genau damit ist der rassistische Slogan und der Rassismus generell immer mehr als ‹nur› Ideologie. In der Regel haben Ideologien die Funktion, bestehende Macht- und Herrschaftsverhältnisse zu legitimieren und zu festigen. Sie haben also einen affirmativen Bezug zur Wirklichkeit und erzeugen ein ‹falsches› Bewußtsein von der Natürlichkeit der bestehenden Verhältnisse. Auf diese stabilisierende Funktion beschränkt sich der Rassismus nicht. Im Gegenteil, er ist weder an die gegebene Wirklichkeit noch an Erfahrung gebunden. Der Rassismus kreiert weniger ein Bild der Welt, wie sie von Natur aus *ist*, sondern vor allem, wie sie von Natur aus sein *sollte*.

Der Rassismus lebt von der Annahme, ein angenommener Naturzustand ließe sich mit Hilfe und unter Anwendung des Wissens über ihn auch praktisch herstellen und realisieren. Mehr noch: das Wissen, das der Rassismus produziert, ist von vorneherein auf seine praktische Anwendung und Umsetzung angelegt; ebenso wie umgekehrt die rassistische Praxis – so realitätsfern sie auch sein mag – sich immer schon im Horizont eines sicheren Wissens über die ‹wahre› Natur der Welt aufgehoben und gerechtfertigt fühlen kann.

Das Verhältnis von Ideologie und Praxis ist damit ein wichtiger Indikator für die schwierige Frage, wann und wie Vorurteilsstrukturen, Animositäten und Feindbilder, die an sich kaum als hinreichende Wegbereiter oder gar Vorstufen des Rassismus anzusehen sind, sich in rassistische Ausgrenzung, Diffamierung und Anfeindung verwandeln. Denn mit einer engeren Verschränkung von Ideologie und Praxis geht meist auch eine engere Verknüpfung der vom Rassismus imaginierten Schicksale des Eigenen und Fremden einher. Wenn diese Verknüpfung so weit reicht, daß Rettung oder Regeneration des Eigenen nurmehr durch Verschluß oder Verschwinden des Fremden möglich scheint, dann liegt eine ausgeprägte rassistische Logik vor.

Rasse und Rassismus: Zur Begriffsgeschichte

Ob es so etwas wie Rassen im biologischen Sinne überhaupt gibt oder nicht, ist eine Sache der wissenschaftlichen Nomenklatur. Seit den grundlegenden Arbeiten zur Systematisierung der Natur von George L. Buffon, Carl von Linné und anderen im 18. Jahrhundert hat sich ein international anerkanntes, doch auch immer wieder reformiertes System der Einteilung von Lebewesen in Arten, Gattungen, Rassen und Familien entwickelt. Noch durch das gesamte 19. Jahrhundert hindurch haben sich Naturwissenschaftler um sehr grundlegende Fragen dieser Einteilung gestritten. Inzwischen hat sich eine allgemeingültige Nomenklatur etabliert, deren Logik sich aber dem Geist der Wissenschaft und nicht etwa einer Ordnung *in* der Natur verdankt.

In diesem Ordnungssystem spielt der Rassenbegriff allerdings dort, wo es um die Beschreibung der natürlichen Welt geht, kaum eine Rolle, sondern er bezieht sich vor allem auf Tierarten, die durch Domestikation und Zucht vom Menschen neu erschaffen wurden. Daher sprechen wir von Hunde- oder Katzenrassen, nicht aber von den Rassen der Bären oder Pinguine. Das wiederum hat seinen Grund darin, daß der Rassenbegriff keineswegs ein ursprünglich zoologisch-biologischer Begriff ist, der dann auch auf den Menschen übertragen wurde. Vielmehr verhält es sich eher umgekehrt. Der Begriff der Rasse, etymologisch aus dem arabischen ‹raz› (Kopf, Anführer, auch Ursprung) und dem lateinischen ‹radix› (Wurzel) abgeleitet, fand zur Zeit seines ersten vermehrten Auftretens im 15. Jahrhundert vor allem in zwei Kontexten Anwendung: in der Beschreibung machtvoller Adelsfamilien oder herrschaftlicher Dynastien und in der Pferdezucht. In beiden Fällen war ‹Rasse› Sammelbegriff für jene Eigenschaften, welche die Nobilität, Größe und edle Abkunft des jeweiligen Hauses oder aber des jeweiligen Gestüts ausmachten.

Im Spanien der *Reconquista* wurde der Rassenbegriff dann zum ersten Mal, mit Bezug auf die Juden, zur Unterscheidung von Menschengruppen gebraucht, die sich nicht mehr durch einen noblen Stammbaum vom niederen Volk abheben, sondern sich horizontal und durch die weitergefaßten Momente der Religion, Kultur und Herkunft voneinander unterscheiden. Eine naturwissenschaftliche Kategorie im engeren Sinne aber wurde der Rassenbegriff erst im späten 18. Jahrhundert und verband sich seitdem vor allem mit dem Versuch, eine physiologische Dimension in den Ungleichheiten der Menschen herauszustellen. In dieser Funktion war der Rassenbegriff eine der erfolgreichsten Ideen der Moderne. Vom 18. Jahrhundert bis zur Mitte des 20. Jahrhunderts gab es in der Tat kaum jemanden, der an der Existenz verschiedener Menschenrassen gezweifelt hätte.

Heute streiten sich die Naturwissenschaftler nach wie vor darüber, ob die Unterscheidung zwischen Rassen beim Menschen sinnvoll ist. Entschieden ist der Streit nicht. Genetisch haben sich Menschenrassen zwar nicht nachweisen lassen, doch wird häufig auf zukünftige Forschungen verwiesen. Was diese aber auch immer ergeben mögen, die Unterscheidung von Menschenrassen ist und bleibt im Kern eine Sache der Nomenklatur und damit der menschlichen Setzung.

Das trifft noch viel mehr auf den nicht streng wissenschaftlichen, alltäglichen und politischen Sprachgebrauch zu. Hier haben die vielen verschiedenen Systematiken, die im Laufe der Geschichte von Rassentheoretikern entworfen wurden, ihre Spuren hinterlassen. Manche stammen von Biologen, Ärzten und Anthropologen, andere von Soziologen und Ethnologen, wieder andere von Philologen und Historikern. Auch Philosophen und Künstler, Politiker und Militärs sowie selbsternannte Rassenkundler aus allen Ländern und Berufsschichten haben seit dem 18. Jahrhundert eine inzwischen fast unüberschaubare Vielzahl rassentheoretischer Texte produziert. Von diesen verschwanden viele kaum gelesen in der Versenkung, manche aber erreichten zumindest zeitweise eine ungeheure Popularität und ein Millionenpublikum. Insgesamt betrachtet, erweisen sich diese massenhaften Definitionen als so willkürlich wie heterogen. So gut wie jede denkbare Gemeinschaft ist bereits als Rasse beschrieben worden: Familien, lokale, regionale und kontinentale Bevölkerungen, die Menschheit als Ganzes, Nationen, Völker und Staaten, Kulturen, Religionsgemeinschaften und ethnische Gruppen, aber auch Klassen, Schichten und Eliten, sowie Männer, Frauen oder Homosexuelle – die Liste ließe sich verlängern. Es sind nicht zuletzt diese Vieldeutigkeit und Dehnbarkeit des Rassenbegriffs, die dem Rassismus seine hohe Verwandlungs- und Anpassungsfähigkeit garantiert haben.

Hinzu kommt, daß der Rassenbegriff nie nur diffamierende Fremdbezeichnung, sondern immer auch und oft sogar primär ein Begriff der Selbstbeschreibung war. Darin spiegelt sich die Tatsache, daß er, trotz aller Ungleichheitsdogmatik, immer auch ein Stück Universalismus transportiert. Denn gerade seine biologische Semantik leistet eine vorgängige und in der Tat globale Integration: jeder Mensch, ohne Ausnahme, gehört irgendeiner Rasse an. Aus dem Rassenuniversum, das die vielen Theorien und Systematiken entwerfen, wird prinzipiell niemand ausgeschlossen – kann aber auch niemand entkommen. Gerade durch diese universale Dimension des Rassenbegriffs öffnet sich jener breite Spielraum der konkret möglichen Rassenunterscheidungen nach prinzipiell beliebigen Kriterien, wie er von den verschiedenen Formen des Rassismus im Laufe der Geschichte auch in voller Breite genutzt wurde.

Diese Aspekte sind erst von einer jüngeren interdisziplinären Rassismusforschung betont worden. Dabei wurde auch deutlich, daß sich der Rassismus häufig nicht so sehr auf die gegebenen Unterschiede zwischen Menschen beruft, sondern mehr auf die praktische Notwendigkeit, diese herauszustellen und zu verstärken. Nicht die Rassendifferenzen, sondern vor allem das rassistische Verhalten und die rassistische Praxis selbst werden in vielen Formen des Rassismus zum natürlichen Faktor erklärt. Daraus erklärt sich auch, daß manche Rassismen ohne einen expliziten Rassenbegriff auskommen, daß statt dessen von Nation, Klasse oder Kultur die Rede ist und dennoch die Geschichte des Phänomens Rassismus unverkennbar fortgeschrieben wird.

Die folgende Darstellung dieser Geschichte knüpft an diese und weitere Befunde der jüngeren Forschung an, auf die in den Literaturverzeichnissen der Einzelkapitel beispielhaft verwiesen wird, und versucht, eine übergreifende, gemeinverständliche Synthese zu formulieren. Der individuelle Schwerpunkt, der hier dennoch gesetzt wird, liegt in dem eingangs erwähnten Bemühen, den Rassismus so weit wie möglich zu historisieren. Denn nur ein historischer Blick kann den Rassismus an die kontextuellen Horizonte zurückbinden, die ihn in den verschiedenen Zeiten und Räumen *ermöglichten*. Eine entsprechend wichtige Rolle spielen diese Möglichkeitsbedingungen in der nachstehenden Darstellung der Geschichte des Rassismus. Sie setzt ein mit der Frage nach seinem historischen Beginn.

II. Sklaven und Barbaren: Rassismus in der Antike?

Nach einem historischen Anfang des Rassismus zu fragen bedarf nicht nur einer halbwegs präzisen Zeitangabe, sondern ebenso der Angabe eines Ortes, an dem das Phänomen zum ersten Mal in Erscheinung trat. Die vielen Völker der Vor- und Frühgeschichte ebenso wie die hauptsächlich oral tradierten Kulturen, die außerhalb Europas bis in die Neuzeit existierten, haben uns wenig Quellen überliefert, aus denen wir direkt ableiten könnten, in welchem Maße bei ihnen rassistische Denk-

und Handlungsweisen eine Rolle spielten. Über ihre mündlichen und rituellen Traditionen aber belehren uns die Anthropologen, daß hier sogar besonders häufig Praktiken der Unterscheidung und Abgrenzung gegenüber anderen oder auch die Zelebrierung der je eigenen Besonderheit, Macht und Größe eine Rolle spielten. Lag darin aber schon der Keim des Rassismus?

Ein klassisches Beispiel, das diese Problematik illustriert, ist der oft bemerkte Umstand, daß in vielen Sprachen die Selbstbezeichnung für die je eigene Gemeinschaft ursprünglich nichts anderes als ‹Mensch› bedeutete. Diese interessante Tatsache läßt sich auf drei sehr verschiedene Weisen interpretieren. Zum einen kann man in ihr den Ausdruck eines ursprünglichen Universalismus sehen, der vor dem Hintergrund der Identität von Teil und Ganzem ein sehr weitgehendes, tendenziell umfassendes Integrationspotential mit sich bringt. Das wäre die optimistische Deutung. Andererseits ließe sich in diesem *pars-pro-toto*-Prinzip aber auch der Ursprung totaler Ausgrenzung festmachen, insofern die Gleichsetzung der partikularen Zugehörigkeit des einzelnen mit seiner ‹Menschlichkeit› den Fremden und Nicht-Zugehörigen nurmehr zu einem Teil der ‹Umwelt› macht. Das wäre die pessimistische Deutung. Beide Deutungen folgen einer symmetrischen Denkweise, insofern sie entweder die Gleichheit aller Menschen (Universalismus) oder ihre gleichmäßig verteilte Differenz (Partikularismus) als Regelfall voraussetzen.

Angemessener erscheint es indes, die sprachliche Gleichsetzung von Gruppen- und Menschheitszugehörigkeit im Zusammenhang des erkennbaren Interesses vieler Kulturen zu sehen, ihre Besonderheit zu etwas Allgemeingültigem zu erklären. Diese Sichtweise ist insofern ungewohnt, als sie ein *asymmetrisches* Verhältnis in der Wahrnehmung zwischen den Völkern als den Regelfall voraussetzt: im Kern jeder partikularen Identität steckt ein universaler Anspruch und gerade in historischer Perspektive zeigt sich immer wieder, daß Gemeinschaften bestimmten Aspekten ihrer Lebensweise eine universale Geltung zusprechen und diese anderen gegenüber auch durchzusetzen versuchen.

Selbst- und Fremdwahrnehmung in der antiken Welt

Wenn Kulturen sich verallgemeinern, ihren Einfluß vergrößern bzw. anderen aufdrängen und wenn sie dabei über einen längeren Zeitraum erfolgreich sind, sprechen wir von Hochkulturen. Zu den frühesten Hochkulturen, die auch eine Schrift und Formen staatlicher Ordnung entwickelt haben, gehören das Sumererreich in Mesopotamien, das frühe Ägypten oder das antike China. Hinzu kamen u. a. die minoische, mykenische und phönizische Kultur im Mittelmeerraum, die Hethiter und Perser im Vorderen Orient oder auch das Reich der Nubier in Afrika und die ersten Hochkulturen Mexikos. Als Wiege der europäischen Kulturgeschichte gelten die griechischen Stadtstaaten, aus denen die hellenische Kultur hervorging, deren Erbe schließlich das Römische Reich antrat.

Wenn man aber von diesen antiken Hochkulturen, Reichen und Staatsgebilden spricht, sollte man sich keine falschen Vorstellungen über ihre vermeintliche Homogenität machen. Ein Besucher aus der Gegenwart würde sie wohl für weit ‹multikultureller› halten als die heutigen Gesellschaften. Eine Vielzahl von ethnisch, religiös und kulturell sehr verschiedenen Gruppen lebte in diesen Reichen zusammen, und wenn während einer bestimmten Phase die eine Gruppe (oder Religion, Kultur etc.) verfolgt und unterdrückt wurde, war es möglich, daß sie in einer anderen Phase staatliche Macht erlangte – ohne daß damit die politische Ordnung als solche grundlegend umgewälzt wurde. Mit anderen Worten, das moderne Prinzip: ‹ein Staat – ein Volk› war der Antike gänzlich unbekannt.

Die meisten der antiken Hochkulturen entwickelten allerdings eine Institution, die immer wieder Anlaß gibt, eine rassistische Dimension in den politisch-gesellschaftlichen Ordnungen dieser Epoche zu vermuten: die Sklaverei. Für uns Neuzeitliche sind Sklaverei und Rassismus oft geradezu identisch. Läßt sich diese Perspektive aber umstandslos auf die Alte Geschichte übertragen? Oder war die Sklaverei in der Antike eine legitime Institution, welche die generelle Zustimmung der Betroffenen fand und daher keiner weiteren, rassistischen Begründung bedurfte?

Daß die Sklaven ihrer Lage keineswegs immer zustimmten, zeigen die bekannten – im Ganzen aber seltenen – Sklavenaufstände der Antike, etwa die Erhebung der Heloten gegen Sparta (464 v. Chr.) oder der berühmte Aufstand des Spartacus gegen Rom (73–71 v. Chr.) In beiden Fällen kämpften die Sklaven zwar gegen die aktuelle Form ihrer Unterdrückung. Doch sie kämpften weder für ihre Gleichstellung noch gegen eine sie speziell herabsetzende Ideologie. Vor allem kämpften sie nicht gegen die Sklaverei als solche. Die Mehrheit der Sklaven im antiken Griechenland und Rom stammte aus Regionen, in denen ebenfalls Sklaverei betrieben wurde. Zudem waren die Sklaven die im höchsten Maße ‹multikulturelle› Bevölkerungsschicht der antiken Welt, so daß aus ihrer Sicht kaum ein Zusammenhang zwischen ihrer Versklavung und ihrer jeweiligen ethnisch-kulturellen Herkunft bestand. Ein Dasein als Sklave führen zu müssen, war meist Folge eines verlorenen Krieges und nicht einer spezifischen Zugehörigkeit. Und schließlich war die Sklaverei in weiten Teilen der antiken Welt tatsächlich eine legitime Form der Herrschaft, insofern sie die weitgehende Zustimmung zumindest eines großen Teils der Beherrschten fand. Entsprechend sind nur wenige antike Texte überliefert, welche die Sklaverei als Institution theoretisch begründen, rechtfertigen oder erklären zu müssen glaubten. Sie gehörte zum antiken Selbstverständnis in ähnlicher Weise wie in modernen Gesellschaften die Existenz von Klassenunterschieden.

Etwas anders sieht es aus, wenn man sich die Feind- und Fremdenbilder ansieht, die Griechen und Römer mit Blick auf jene Völkerschaften am Rande ihrer Einflußgebiete entwarfen, aus denen sie nach gewonnenen Schlachten nicht wenige ihrer Sklaven rekrutierten. Hier stand die grundsätzliche Frage nach der möglichen oder nicht möglichen Zugehörigkeit der Fremden im Zentrum. Der entscheidende, von den Griechen geprägte und von den Römern übernommene Begriff in diesem Zusammenhang war der ‹Barbar›. Im antiken Griechenland fungierte er in geradezu paradigmatischer Weise als ein «asymmetrischer Gegenbegriff» (Reinhart Koselleck) zur Selbstbezeichnung der Griechen als ‹Hellenen›.

Asymmetrisch verhielten sich ‹Barbar› und ‹Hellene› insofern zueinander, als sie zusammengenommen zwar ein universales Begriffspaar bildeten, das im Prinzip alle Menschen umfaßte, ihre binäre Unterteilung aber nicht vor dem Hintergrund eines übergreifenden Kriteriums traf (so wie man etwa nach Geschlecht Frauen und Männer unterscheidet). Vielmehr war die Unterscheidung selber eine kategoriale: ‹Hellene› war Eigenname, Bezeichnung einer besonderen Kulturzugehörigkeit, während ‹Barbar› (was ursprünglich ‹unverständlich› bedeutete) als Oberbegriff für sämtliche anderen möglichen Formen der Kulturzugehörigkeit diente.

Es ist diese Asymmetrie des Begriffspaars, die es im Blick zu halten gilt, wenn man ihre normative Aufladung etwa in den konkreten Beschreibungen der mediterranen Völker betrachtet, wie sie uns von vielen prominenten Autoren der Antike überliefert sind. Das älteste Motiv dieser normativen Ausdeutung des Begriffspaars hielt sich dabei ganz an seine asymmetrische Struktur: Die Unterscheidung zwischen Hellenen und Barbaren war zunächst identisch mit der Unterscheidung zwischen Kultur und ihrer Abwesenheit, zwischen Gesetz und Gesetzlosigkeit, zwischen Ordnung und Unordung. Erst in der griechischen Geschichtsschreibung und Philosophie von Herodot und Thukydides bis Platon und Aristoteles finden sich dann auch weitergehende, detailliertere Darstellungen der Barbaren oder einzelner barbarischer Völker als grausam und wild, feige und hinterlistig, verkommen und animalisch – ein semantisches Feld, aus dem sich unsere heutige Verwendung der Begriffe ‹barbarisch› und ‹Barbarei› herleitet. Auch wenn es manche positiven, bisweilen sogar bewundernden Darstellungen der Barbaren gab, war die normative Abwertung nicht-griechischer Kulturen die Regel.

Es war vor allem Aristoteles, der diese Wahrnehmung theoretisch systematisierte, indem er die Fremdheit der Barbaren zu einem Phänomen der Natur erklärte und daraus zugleich eine politische Ordnung ableitete: Die Barbaren waren in seiner Sicht von Natur aus minderwertig und deshalb auch von Natur aus allein zur Knechtschaft geschaffen – geborene Sklaven. Mit den

Barbaren, so riet er Alexander dem Großen, müsse man wie mit Tieren umgehen. Spätestens hier, so könnte man meinen, haben wir eine ausgeprägt rassistische Logik der Begründung von Ausgrenzung und Unterdrückung vor uns. In der Tat hat Aristoteles, wie in vielen anderen Bereichen, so auch für die spätere Genealogie des Rassendiskurses einige grundlegende Impulse gegeben und einflußreiche Denkfiguren formuliert. Dazu gehörte nicht nur die theoretische Gleichsetzung von Barbaren und Sklaven, also die Verschränkung politisch-räumlicher und sozialer Exklusion, sondern etwa auch der erste Versuch, die körperlichen Unterschiede zwischen den Völkerschaften durch klimatische Verhältnisse zu erklären – eine Idee, die unter anderem von den Gelehrten des 18. Jahrhunderts begeistert wieder aufgegriffen wurde.

Trotz all dem aber läßt sich auch hier nicht von der Geburt des Rassismus aus dem Geist der Antike sprechen. Die herabsetzende Wahrnehmung nichtgriechischer Kulturen und die Verherrlichung der eigenen war Teil der griechischen Weltwahrnehmung überhaupt. So wie Aristoteles die Künste und Staatsformen oder die Tiere und Pflanzen systematisch beschrieb und kategorial ordnete, so tat er dies auch mit den Menschen und Völkern. Und so wie in seinen naturkundlich-anatomischen Schriften aus heutiger Sicht viel Seltsames steht, so kann man auch seine Ethnographie heute für ungerecht und verfehlt halten. Im antiken Kontext aber repräsentierte sie nichts anderes als eine einteilende Ordnung der empirischen Welt, in deren Rahmen die Barbaren einen sicher untergeordneten, aber immerhin festen Platz hatten. In ihrer Existenz und gerade in dem, was sie von den Griechen unterschied, waren die Barbaren als Menschen, als fremde und andere Menschen, anerkannt – und weder Aristoteles noch sonst ein Grieche wäre je auf die Idee gekommen, daß eine Welt ohne Barbaren eine bessere Welt wäre. Auch wurden sie höchstens in konkreten Situationen, nie aber grundsätzlich als Bedrohung, Gefährdung oder gar als Krankheit betrachtet. Die Asymmetrie des Begriffspaars Hellene/Barbar verhinderte von vorneherein solche Denkmuster, insofern die Idee einer Gefährdung des Eigenen durch das Fremde ein Mindestmaß an vorgängiger Symmetrie und Kompatibilität voraussetzt.

Darüber hinaus hatte auch der Rekurs auf Natur und Natürlichkeit im antiken Denken eine andere Bedeutung als unser heutiger Begriff der Naturalisierung oder Biologisierung. Menschliche Eigenschaften zu natürlichen Eigenschaften zu erklären wird immer mitbestimmt von dem jeweils vorherrschenden Naturverständnis. Bei Aristoteles hatte der Naturbegriff (*physis*) wenig mit unserem modernen Verständnis von Natur als dem prinzipiell Äußeren und Anderen der vom Menschen geschaffenen Kultur zu tun. Vielmehr begründete Aristoteles jenes Verständnis der Natur als dem inneren «Wesen» der Dinge (vom Menschen geschaffen oder nicht), wie wir es bisweilen heute noch meinen, wenn wir – im dezidiert nicht naturwissenschaftlichen Sinne – nach der ‹Natur› einer Sache fragen. *Physis* war für Aristoteles das Prinzip der Selbstverwirklichung und die Manifestation des Daseinsgrunds von etwas, die Entfaltung seiner Form im Sinne seines Zwecks. Dieses Prinzip galt für die einzelne Pflanze ebenso wie für den athenischen Staat oder eben für die *physis* der Barbaren.

Nur wenn man solche Bedeutungszusammenhänge und überhaupt die Besonderheiten der antiken Wahrnehmungsweisen ignoriert, moderne Auffassungen sorglos rückprojiziert und sie in jeder Form von Exklusion oder Feindschaft wiederzuerkennen sucht, läßt sich von einem Rassismus in der Antike sprechen. Wenn man aber einsieht, daß so umfassende und die Antike insgesamt prägenden Phänomene wie die Institution der Sklaverei oder der Barbarendiskurs aus anderen Weltauffassungen ihre Plausibilität und Legitimität schöpften als denen, die sich später mit dem Begriff der Rasse und dem neuzeitlichen Rassismus verbinden, erscheint es sinnvoll, die Antike als Ganzes von einem generalisierten Rassismusverdacht zunächst einmal freizusprechen.

Das bedeutet nicht, sie aus der Geschichte des Rassismus auszuklammern. Vielmehr geht es darum, die Frage nach den Ursprüngen des Rassismus in neuer Weise zu stellen: nicht, ob es in der Antike ‹schon› Rassismus gab, ist relevant, sondern in welchen besonderen Phänomenen und Zusammenhängen dieser Epoche Elemente auftauchten, die in der späteren Herausbildung und Entwicklung des Rassismus eine Rolle spielten. Dazu gehören, trotz der eben formulierten Verteidigung, auch einige der aristotelischen Ideen, aus denen sich die Neuzeit später ‹ihren› Rassismus zusammensetzte und ihn bildungshistorisch legitimierte.

Was die praktischen Formen von Ausgrenzung und Diffamierung in der Antike angeht, so muß betont werden, daß die antiken Kultur- und Staatsgebilde nicht zuletzt aufgrund ihrer eigenen Multikulturalität keinen systematischen Ausschluß von einzelnen oder Gruppen aufgrund körperlicher oder ethnischer Merkmale kannten. Auch hier gab es Ausnahmen, insgesamt aber scheint sich in der Antike kaum jemand an der Hautfarbe oder anderen «Rassenmerkmalen» sowie an den kulturellen Eigenheiten fremder Völker in politisch relevanter Weise gestört zu haben.

Auch das Römische Reich, nachdem es den gesamten Mittelmeerraum einschließlich der hellenischen Staaten erobert hatte, pflegte in den einmal unterworfenen Gebieten ein ausgeprägtes System der ‹kulturellen Selbstverwaltung› der Unterworfenen, das erst bei direktem Widerstand durch militärische Unterdrükkung ersetzt wurde. Als Rassen- oder Kulturkämpfe, in denen die ethnisch-kulturellen Besonderheiten der feindlichen Völker von Bedeutung sind oder gar die eigene Kultur auf dem Spiel steht, haben die Römer ihre Eroberungen kaum betrachtet. Ihre Ethnographen beschrieben die außerrömischen Kulturen in klassisch asymmetrischer Denkweise entweder als potentiellen Besitz oder aber als Barbaren. Auch in der Existenz fremdkultureller Gemeinschaften innerhalb der Reichsgrenzen an sich eine Gefahr für die eigene Kultur zu sehen, war dem römischen Selbstverständnis so fremd wie dem griechischen. Das änderte sich erst in der Spätantike, mit der Christianisierung und beginnenden Aufspaltung des römischen Imperiums.

Vor allem im Zuge des zunehmenden Drucks, dem sich das Reich an seinen nördlichen Grenzen ausgesetzt sah, läßt sich eine gewisse Verschärfung in den Darstellungen und Beschreibungen der Barbaren jenseits dieser Grenzen erkennen. Zugleich findet sich eine Tendenz zur stärkeren Betonung der eigenen Kultur, die es vor den Einbrüchen der germanischen und osteuropäischen Völker zu schützen galt. Die zunehmend realistischer werdende Gefahr solcher Einfälle von außen stellte die bis dahin zugrundegelegte Asymmetrie im Verhältnis zwischen Rom und dem Rest der Welt in Frage. Gefordert war jetzt eine neue, eine explizite Begründung der eigenen Überlegenheit, also die betonte Herausstellung der Differenz zwischen römischer Kultur und barbarischer Unsitte im Horizont ihrer möglich gewordenen Verwässerung. Das wiederum ging nicht nur auf Kosten der ‹Fairneß› beim Blick auf die an den Grenzen ‹lauernden› Barbaren, sondern ebenso auf Kosten der inneren kulturellen Vielfalt des alten Reiches und führte zu einer immer deutlicheren Homogenisierung des politisch-kulturellen Selbstverständnisses.

Die Rolle der jüdischen und christlichen Religion

Das langfristig entscheidende Thema aber, an dem sich die klassischen, asymmetrischen Formen der Wahrnehmung kultureller Differenz aufzulösen begannen, war die Religion. Hier spielten zunächst und schon frühzeitig die Juden eine besondere Rolle. Nicht nur weil sie sich vehementer als andere Völker des östlichen Mittelmeers gegen die römische Herrschaft zur Wehr setzten und bis zu ihrer endgültigen Vertreibung aus Jerusalem im Jahre 135 mehrfach gegen Rom revoltierten, sondern auch, weil sie in ihrer besetzten Heimat ebenso wie in der Diaspora an den Riten und Gebräuchen ihres monotheistischen Glaubens festhielten, dessen Auserwähltheitsgedanke ihnen zugleich verbot, fremdkulturelle Sitten zu übernehmen. Damit konfrontierte das Judentum die klassischen Kulturen und zumal die römische mit einem anderen, alternativen, aber ebenso dezidiert asymmetrischen Modell der Selbst- und Fremdwahrnehmung.

Nun wurde eingangs betont, daß alle Kulturen ihre Besonderheit immer auch mit einem Anspruch auf Allgemeingültigkeit verbinden. Doch kann dies in verschiedener Weise und in verschiedenem Ausmaß geschehen. Das Judentum zeichnete sich in einer im Vergleich zur griechischen oder römischen Kultur anderen, aber ähnlich signifikanten Weise dadurch aus, die Besonderheit des eigenen Volkes gegenüber allen anderen zu einer Grundmaxime des kulturellen und religiösen Selbstverständnisses wie auch des Umgangs mit anderen Kulturen gemacht zu haben. Damit ist das Judentum zugleich ein hervorragendes Beispiel dafür, daß eine asymmetrische Selbst- und Fremdbildstruktur keineswegs automatisch auf die Eroberung, Kolonisierung oder Unterdrückung fremder Kulturen hinauslaufen muß. Vielmehr haben diese Asymmetrie und exklusive Auserwähltheitsidee der jüdischen Kultur dazu beigetragen, sie über Jahrhunderte der Diaspora zu erhalten und zu entwickeln, ohne dabei nichtjüdische Kulturen zu unterwerfen oder ihnen das Existenzrecht zu bestreiten. Andererseits war es aber nicht zuletzt dieser passive Anspruch auf Exklusivität, der das Judentum häufig in Konkurrenz zu den jeweils hegemonialen Kulturen brachte.

Die nächste, aus einer jüdischen Sekte hervorgegangene Religion, mit deren ebenfalls monotheistischem Allgemeingeltungsanspruch sich das Römische Reich auseinandersetzen mußte, um ihn schließlich zu übernehmen, war das Christentum. Noch bis ins 3. Jahrhundert verfolgt, gewährte Kaiser Konstantin den Christen bereits zu Beginn des 4. Jahrhunderts volle Religionsfreiheit. Im Neoplatonismus regten sich dann zwar noch einmal die klassischen Kulte und Glaubensformen, doch weniger als ein Jahrhundert nach den letzten Verfolgungen war das Christentum auf dem besten Weg, die dominante Religion der römischen Welt zu werden. Zeitgleich spaltete sich das Reich, die Römer begannen sich zunehmend aus Mittel- und West europa zurückzuziehen, und die Germanen und Goten rückten nach.

An die Stelle der Auserwähltheitsidee im jüdischen Glauben trat jetzt im Christentum, seit den Missionsreisen und Briefen des Paulus, ein neues, der Antike bis dahin fremdes Konzept: der Universalismus. Statt als besondere Religion einer sich vom Rest der Menschheit abhebenden Gemeinschaft verstand sich das Christentum als die wahre Religion im Prinzip *aller* Menschen. Diese Erfindung des Universalismus durch eine neue, anfänglich recht unbedeutende Glaubensgemeinschaft hatte für die Wahrnehmungsgeschichte kultureller Differenz und damit auch für die Entwicklungsgeschichte des Rassismus einschneidende Folgen, die bis weit in die Neuzeit reichten. Zwar löste dieser neue christliche Universalismus die Asymmetrie in den Selbst- und Fremdwahrnehmungen keineswegs völlig auf, ließ sie aber in neuer Weise funktionieren und ganz andere Effekte hervorbringen. Das kam auch in neuen Gegenbegriffen zum Ausdruck, die im Mittelalter ebenso bestimmend wurden wie im klassischen Altertum das Konzept der Barbaren: Heiden, Juden und Häretiker.

III. Heiden, Juden und Häretiker: Rassismus im Mittelalter?

Die Formen der kollektiven Selbst- und Fremdwahrnehmung im Mittelalter waren, wie die mittelalterliche Geschichte generell, vor allem vom Dualismus kirchlicher und weltlicher Macht geprägt. Diese standen häufig genug in Konkurrenz zueinander, wurden meist aber als sich ergänzende Teile einer Gesamtordnung gedacht. Hinzu kamen Rezeptionen und Wirkungen der antiken Philosophie sowie der jüdischen und islamischen Überlieferung. Ebenso prägten langfristig auch volkskulturelle und heidnische Traditionen das System kirchlicher und dynastischer Gesellschaftsordnung mit. Für die Frage nach Formen des Rassismus im Mittelalter aber spielt vor allem die Entwicklung des christlichen Denkens von den Kirchenvätern bis zum Beginn der Neuzeit eine entscheidende Rolle.

Bis zum 4. und 5. Jahrhundert war der radikale Universalismus, wie ihn Paulus begründet hatte, für die Selbst- und Fremdwahrnehmung der frühchristlichen Gemeinden bestimmend. Er basierte auf der Vorstellung eines grundlegenden Neuanfangs, den die Welt mit dem Erscheinen Christi genommen habe. In dieser Idee war die Unterscheidung zwischen Kulturen und Völkern oder auch die zwischen Hellenen/Römern und Barbaren aufgehoben, insofern alle diese Gruppen aus der christlichen Perspektive ihrer potentiellen Bekehrungsfähigkeit auf einer Stufe standen. Ihnen gegenüber wurde die neue, prinzipiell alle umfassende Gemeinschaft der Christen als ein gänzlich Anderes und Übergeordnetes entworfen.

Solange der neue Glaube konkret nur in lokalen und oft zur Geheimhaltung gezwungenen Gemeinden praktiziert wurde, konnte sein Universalismus als Zukunftsvision um so reiner gedacht werden. Als sich aber das Schicksal des Christentums seit Konstantin mit demjenigen des Römischen Reichs immer enger verknüpfte, während dieses Reich zugleich schrittweise von den Barbaren erobert wurde, verlor der paulinische Universalismus seine unmittelbare Plausibilität. In der Folge drohte die Einheit der neuen Religion in der Gnosis und anderen neuen Varianten des Glaubens verlorenzugehen. Nicht zuletzt in Reaktion auf diese Krisen vollzog sich die Verkirchlichung des christlichen Glaubens durch die Auslegungen, Kommentare und Traditionsbegründungen der Kirchenväter. Besonders Augustinus formulierte in diesem Kontext eine Neufassung des christlichen Universalismus, die für die Selbst- und Fremdwahrnehmung des Mittelalters für lange Zeit bestimmend blieb.

Christlicher Universalismus und kulturelle Differenz

Aus der Reflexion über das Verhältnis zwischen zeitlichem Wandel und der Ewigkeit Gottes entwickelte Augustinus die Lehre von den zwei Reichen oder Staaten, dem ‹Weltstaat› (*civitas terrena*) und dem ‹Gottesstaat› (*civitas Dei*). Beide waren universal, insofern sie keinen benennbaren, konkreten Ort hatten, doch erlaubten sie dennoch eine partikulare Unterscheidung zwischen dem sündhaften Leben der Menschen im irdisch-weltlichen Geschehen und ihrer heilsgeschichtlichen Erlösungserwartung im Raum der Kirche. Zugleich dachte Augustinus das Weltgeschehen als zeitlich-konkrete Form der Gottesschöpfung, die von Anfang an und unumkehrbar auf ihre prinzipielle Aufhebung am Tag des Jüngsten Gerichts hinauslaufe. Vorbereitung und Zwischenstufe dieser Entwicklung war die Kirche, welche die zum Heil Berufenen sammelt. In diesem Modell war die Welt einerseits in Christen und Nicht-Christen geteilt, andererseits aber, in ihrer langfristigen zeitlichen Entwicklung gesehen, weiterhin unteilbar und universal. Zugleich ergaben sich aus der Verzeitlichung des christlichen Weltbildes zwei unterschiedliche Kategorien von Nicht-Christen. Aus den Heiden und Barbaren wurden ‹Noch-nicht-Christen› und aus den Häretikern und Ketzern ‹Nicht-mehr-Christen›. Allein das Judentum hatte als Wiege der christlichen Religion einerseits einen deutlich herausgehobenen Sonderstatus, galt andererseits aber als das immer schon und ewig Andere des Christentums.

An dieser Struktur christlicher Selbst- und Fremdwahrnehmung änderte sich im Laufe des Mittelalters wenig. Sie ließ friedliche ebenso wie gewalttätige Formen der Missionierung und Bekehrung zu. Die grundsätzlich gefährdete Stellung der Juden innerhalb dieser Wahrnehmungsmatrix zeigte sich spätestens im Zuge des Kreuzzugs von 1096, als es zu den ersten antijüdischen Pogromen und Massenmorden kam, in denen ein potentieller Haß zum Ausdruck kam, der sich in dieser Form nicht einmal gegen die Ungläubigen im Heiligen Land richtete. Seit dem kam es immer wieder zu solchen Pogromen, in denen, nicht zuletzt im Kontext der europaweiten Pestepidemie im 14. Jahrhundert, das Judentum zunehmend in die Rolle eines regelmäßig zur Verfügung stehenden Sündenbocks gedrängt wurde.

Generell aber hatte das christliche Weltbild bis zum 12. und 13. Jahrhundert einen eher abschließenden Effekt und drängte kaum auf eine fortgesetzte Ausdehnung des eigenen Einflußbereichs. Mit Ausnahme der Juden und des muslimischen Spanien sah sich das Christentum wenig mit konkurrierenden Kultur- und Glaubensformen konfrontiert. In der Scholastik wurden Elemente des jüdischen und islamischen Denkens sogar aufgegriffen und in die christliche Philosophie integriert, so daß es zu einem regen religiös-kulturellen Austausch kam. In seinem Verlauf übernahm die aristotelische Philosophie, von Muslimen,

Juden und Christen rezipiert, eine immer wichtigere Rolle als übergreifendes Referenzwerk.

In den darüber hinausgehenden Vorstellungen über die Menschen und Kulturen jenseits des christlichen Einflußgebietes aber herrschte eine oft exotisierende und mythisierende Sichtweise vor. In jenen unbekannten Regionen vermutete man nicht mehr, wie in der Antike, weitere Heiden- und Barbarenstämme, sondern dort begann, in der Vorstellung vieler Gelehrter des Mittelalters, eine ganz andere Welt der Fabelwesen und satanischen Sitten. Darin spiegelt sich die relative Abgeschlossenheit des mittelalterlichen gegenüber dem antiken Weltbild. Das Unbekannte galt unmittelbar als Repräsentant des anderen, nicht zum Heil berufenen Teils der christlichen Gesamtordnung. Es war damit zwar systematisch ausgeschlossen, als die andere Seite der Schöpfung aber aus den heiligen Texten detailliert beschreibbar, ohne es selbst in Augenschein nehmen zu müssen. Eine rassistische Dimension läßt sich in diesem Weltbild schwerlich ausmachen.

Auch was die weltliche Sichtweise und die im engeren Sinne politischen Konflikte des Mittelalters angeht, läßt sich kaum von erkennbaren rassistischen Motiven sprechen. Die Quellen berichten zwar immer wieder von Kriegszügen verschiedener Herrscher gegen bestimmte Volksstämme, doch eine rassische Systematik der europäischen Völker, die auch nur die nächste politische Allianz überdauert hätte, gab es nicht. Die mittelalterliche Welt nach ethnischen Stämmen und Völkern zu ordnen, war erst eine Erfindung der Geschichtsschreibung des 18. und 19. Jahrhunderts und gilt in der heutigen Mediävistik als überholt.

Wichtiger für die spätere Entwicklung des Rassismus waren zwei andere, abstraktere Elemente, die im mittelalterlichen Christentum tradiert wurden: zunächst das Konzept einer universalen Christenheit und die damit verbundene Idee einer universalen Bruderschaft, die im 18. Jahrhundert wieder aufgegriffen wurde und eine zentrale Rolle bei der Bildung des säkularen, aufklärerischen Begriffs der Menschheit spielte. Ebenfalls von Bedeutung war längerfristig auch die augustinische Prädestinationslehre, die von der Kirche zwar nur in abgeschwächter Form tradiert wurde, als Idee aber bis in deterministische Vorstellungen der Neuzeit fortwirkte. Augustinus vertrat sie in prinzipieller Form, indem er eine grundsätzliche Binnenaufteilung der Menschheit in diejenigen behauptete, die zum Heil berufen und in andere, die für die Verdammnis vorherbestimmt sind.

Hier artikulierte sich zum ersten Mal die Vorstellung, daß der immanente Ausschluß eines Teils aus dem Ganzen ein konstitutives Element in der Erhaltung und vorherbestimmten Entwicklung dieses Ganzen sein könnte. Damit war eine Denkfigur geschaffen, die viel später etwa im verwissenschaftlichten Weltbild der Moderne in entstellter Form wiederkehren sollte: in der Idee nämlich, daß die eine, große und von Natur aus verwandte Menschheit dennoch notwendig in unvereinbare Rassen geteilt sei, deren Trennung dem Wohle der Gesamtmenschheit diene.

Individuum und Kollektiv

Augustinus' Weltordnung wurde von der Scholastik des Hoch- und Spätmittelalters in Anlehnung an Aristoteles methodisch durchdacht, theologisch begründet und empirisch entfaltet. Das scholastische Denken verzahnte die göttliche und die weltliche Ordnung enger miteinander als zuvor und entwarf, etwa bei Thomas von Aquin, keineswegs nur eine göttliche Idealwelt und ihre Entwicklung, sondern zugleich eine politische und soziale Philosophie der mittelalterlichen Wirklichkeit. Diese neue Bedeutung der Vernunft und empirischer Methoden für das christliche Denken hatte vor allem eine neue Form der Individualisierung des Glaubens zur Folge: eine deutliche Verlagerung des Glaubensschwerpunkts von einer schematischen Ordnung des Weltenlaufs, wie Augustinus sie noch beschrieben hatte, auf die Verantwortung, das Seelenleben und das Gewissen des einzelnen.

An die Stelle der Vorherbestimmung trat nun ein Moment der individuellen Willensfreiheit, wodurch ein Abfall vom Glauben moralisch umso gravierender wurde. Für Thomas etwa war der Unglaube der Heiden und Barbaren geradezu natürlich, sie konnten es im Grunde nicht besser wissen. Ketzer und Häretiker dagegen mußten es besser wissen, sie kannten die Heilsbotschaft, weshalb ihr Unglaube sehr viel entschiedener verfolgt werden müßte. Und auch die Juden kannten den wahren Glauben, beharrten aber, so die allgemeine Überzeugung, seit Jahrhunderten darauf, ihn zu ignorieren. Bekanntester Ausdruck einer sich daraus entwickelnden Politik der individuellen Bekehrung und Rückholung von Abgefallenen in den Schoß der Kirche war die heilige Inquisition als politisierte Form der Gewissensprüfung, die im Spätmittelalter und noch weit in die Frühe Neuzeit hinein massenhaft durchgeführt wurde.

Weitere Ausprägungen dieser Individualisierung des Glaubens waren das Pastorat und die institutionelle kirchliche Seelsorge. Dem biblischen Bild des Hirten und seiner Herde entsprechend richtete sich die Seelsorge auf das Heil des einzelnen. Doch ebenso hatte sie eine kollektive Dimension, insofern mit jedem einzelnen Schaf die ganze Herde, mit jeder einzelnen Seele die Gemeinde und die Christenheit als Ganzes gestärkt würde. Eine solche Sorge um jeden einzelnen als Basis der Erhaltung und Stärkung des Ganzen war eine der Antike zwar nicht unbekannte, aber höchstens für die herrschenden Schichten relevante Vorstellung. Im Mittelalter wurde sie ein zentraler Bestandteil der christlichen Gemeinschaftsbildung, doch erst in der Neuzeit sollte sie ihre größte Wirksamkeit entfalten, als es darum ging, auch unter den Bedingungen liberaler Ideen von individuellen Rechten und Freiheiten noch Kollektivordnungen aufrechtzuerhalten. Entsprechend findet sich eine solche, im Namen der Gemeinschaft formulierte Sorge um den einzelnen auch im neuzeitlichen Rassismus wieder. Hier manifestierte sie sich in der Vorstellung, daß Erhalt, Gesundheit und Reinheit des biologischen Kollektivs wesentlich vom Verhalten und ‹rassischen Bewußtsein› des einzelnen abhängen.

Insgesamt weist das christliche Weltbild im Mittelalter also einige Elemente auf, die in den späteren neuzeitlichen Formen des Rassismus wiederkehren. Können wir daher von einer Vorgeschichte des Rassismus im Mittelalter sprechen? Üblicherweise werden vor allem die gewalttätigen Ausgrenzungspraktiken dieser Epoche als Beleg für eine solche Annahme herangezogen: die Inquisition, die antijüdischen Pogrome, die bisweilen extrem gewaltsamen Eroberungen der weltlichen Herrscher und die Kreuzzüge. Doch auch hier sollte man den Rassismus nicht voreilig zu einer allgemeinen Chiffre für politische Gewalt und historische Leiderfahrung machen. Gerade die Tatsache, daß diese Praktiken fast ausschließlich religiös-theologisch begründet wurden, zwingt dazu, bei der Frage nach den Anfängen des Rassismus das Selbstverständnis des mittelalterlichen Christentums in besonderem Maße zu berücksichtigen.

Dieses Selbstverständnis aber blieb trotz aller neuen Ideen im Kern an eine asymmetrische Wahrnehmung gebunden. Auserwählt und der Erlösung vorbehalten waren allein die Christen. Allen Nicht-Christen waren zwar verschiedene Formen der friedlichen oder erzwungenen Integration möglich, doch ohne Taufe blieb ihnen das Heil grundlegend versagt. Entsprechend wurden sie nie als eine Gefahr für die Existenz der Christenheit als solcher betrachtet. Dieses Modell eines grundlegenden Ausschlusses bei gleichzeitig prinzipiell immer möglicher Integration schien flexibel und zugleich stabil genug, um über Jahrhunderte ohne darüber hinausgehende Begründungen und Praktiken der Ausgrenzung oder Abwertung auszukommen.

IV. ‹Rasse› in der Frühen Neuzeit

Die vier großen Umwälzungen des 15. und 16. Jahrhunderts, aufgrund derer wir bis heute vom Beginn der Neuzeit sprechen, waren auch entscheidend für die Herausbildung des Rassenbegriffs: die europäische Expansion, beginnend mit der Entdekkung Amerikas; die Reformation und ihre Aufspaltung der christlichen Glaubenskultur; der Buchdruck und seine mediale Vervielfältigung des Wissens; und damit eng verbunden die Herausbildung einer neuzeitlichen Wissenschaft, die sich allmählich von der Theologie emanzipierte. Hinzu kam der Abschluß der *Reconquista*, der Rekatholisierung Spaniens, das seit dem 8. Jahrhundert von der muslimisch-arabischen Kultur dominiert worden war.

In dem Jahr, in dem Kolumbus Amerika entdeckte, um es als ‹Indien› für Spanien in Besitz zu nehmen, wurde in Spanien selbst die *Reconquista* offiziell für beendet erklärt. Mit der Eroberung Granadas als dem letzten muslimischen ‹Bollwerk› war die seit dem 12. und 13. Jahrhundert von anfänglich kleinen katholischen Königreichen im Norden Spaniens betriebene politische, militärische und von Kirche und Inquisition unterstützte Zurückdrängung der Mauren 1492 endgültig erfolgreich. Im Zuge dieser Vertreibungspolitik hatte man auch die in großer Zahl in Spanien ansässigen Juden, die mit den Muslimen, aber auch mit den Christen bis dahin in friedlicher und kulturell produktiver Koexistenz gelebt hatten, einem massiven Druck ausgesetzt. Besonders im 14. Jahrhundert äußerte sich das in einer Kette von gewalttätigen Pogromen, die viele Juden zwang, aus Selbstschutz zum Christentum zu konvertieren. Diese seit über zwei Jahrhunderten praktizierte Politik wurde 1492, als die Vertreibung des Islam abgeschlossen war, durch ein offizielles Edikt formalisiert, das die Zwangsbekehrung aller in Spanien ansässigen Juden verlangte.

In diesem Zusammenhang erhielt ein Problem politische Relevanz, das bis dahin nur für einzelne Menschen von Bedeutung gewesen war: die Möglichkeit, daß eine Bekehrung, und zumal eine erzwungene, nur formal und äußerlich stattfindet, während die betreffende Person heimlich und im Innern an ihrem alten Glauben festhält. Das Christentum – wie jede Religion, die Mission betreibt und Konversionen vorsieht – kannte dieses Problem von Beginn an. Die Kirche hatte eine Vielzahl von Strategien entwickelt, vom Pastorat über die Beichte und allgemeine Seelsorge bis zur Inquisition, um die Reinheit des Glaubens auf dem Wege der individuellen Gewissensprüfung zu kontrollieren. So grausam diese Prüfung für viele einzelne auch gewesen sein mag, sie funktionierte bis ins 15. Jahrhundert primär im Rahmen der klassischen Vorstellung, daß ein Glaubensbekenntnis die Zugehörigkeit zur erlösbaren Christenheit garantiert. Gegenüber diesem unmittelbaren Verhältnis zwischen dem individuellen Gewissen und der universalen christlichen Gemeinschaft hatten alle anderen Formen kollektiver Zugehörigkeit, einschließlich eines früheren Glaubens, bislang als sekundär gegolten, mit Ausnahme der Geschlechtszugehörigkeit allerdings, insofern die Frauen von der Kirche schon früh als eine ‹besondere Art› behandelt wurden.

Mit den spanischen Juden aber sahen sich die neuen katholischen Machthaber im ausgehenden 15. Jahrhundert einem Kollektiv gegenüber, das auf einen zwei Jahrhunderte lang ausgeübten Druck hin zu großen Teilen dem Christentum beigetreten, doch als jüdische Kultur weiterhin existent war. Schon vor 1492 hatten sich besondere Namen für diese konvertierten Juden herausgebildet: *Conversos* hießen diejenigen, die erst als Erwachsene zum christlichen Glauben – freiwillig oder gezwungen – übergetreten waren, während die Nachkommen der in vorangegangenen Jahrzehnten und Jahrhunderten konvertierten Juden als *Marranen* bekannt waren. Was immer die tatsächlichen Glaubensvorstellungen dieser Gruppen gewesen sein mögen, entscheidend ist, daß sich hier aufgrund besonderer langfristiger Umstände zum ersten Mal eine jüdische Kultur und Tradition in relativer Unabhängigkeit vom offiziellen Glauben ihrer Mitglieder etabliert hatte. Diesem Phänomen einer partikularen Identität und Zugehörigkeit, die mehr war als die Summe der in ihr versammelten individuellen Glaubensbekenntnisse, stand die katholische Wahrnehmung, die von einer unmittelbaren Bindung zwischen dem einzelnen und dem Ganzen ausging, zunächst hilflos gegenüber.

Die Folge war nicht nur jenes Edikt von 1492 zur flächendeckenden Zwangsbekehrung, sondern damit verbunden eine, den späteren Hexenverfolgungen nicht unähnliche Politik des Verdachts. Angesichts der unsicher gewordenen Kriterien der Zugehörigkeit zum Christentum bemühte man sich, den Unglauben im allgemeinen und das Judentum im besonderen noch in seinen verstecktesten und entstelltesten Formen aufzuspüren, um ein einheitlich katholisches Spanien in natürlicher Reinheit herzustellen. Besonders im Blick auf jene große, durch die jahrhundertelange Verfolgungspraxis überhaupt erst geschaffene Gruppe der teilweise seit Generationen Konvertierten, die dennoch – wirklich oder angeblich – an den jüdischen Traditionen festhielt, verwandelte sich die klassische Frage nach der ‹Reinheit des Glaubens› in die neue, nun aber entscheidendere Frage nach der ‹Reinheit des Blutes› (*limpieza de sangre*).

Aufgrund der langen Dauer der *Reconquista* und der Tatsache, daß das Judentum bis zum 14. Jahrhundert in Spanien mehr als sonst in Europa ein integraler und kulturell einflußreicher Bestandteil der Gesellschaft gewesen war, konnte nun die Suche nach dem ‹unreinen Blut› prinzipiell jeden treffen, die Landbevölkerung ebenso wie den spanischen Adel. Zunächst nur im Blick auf die *Conversos* und *Marranen*, sehr bald aber bezogen auf das ganze Judentum sowie auf die zwangsbekehrten Muslime (*moriscos*), wurde jetzt zum ersten Mal von «Race» gesprochen. Hatte der noch junge Begriff bis dahin allein in der Pferdezucht und in der Verherrlichung adeliger Geschlechter eine Rolle gespielt, so diente er jetzt der Aufspürung zu bekehrender Gruppen.

Es ist nicht unwichtig, sich diese Entstehung des Rassenbegriffs in ihren Grundstrukturen zu vergegenwärtigen. Markiert sie doch eine Konstellation, die sich im weiteren Verlauf der Geschichte formal, wenn auch unter ganz anderen Umständen, mehrfach wiederholen und fast regelmäßig den Rassenbegriff und rassenpolitisches Denken auf den Plan rufen sollte. Historisch wurde hier zum ersten Mal die Bedeutung der christlichen Bekehrung und der Taufe als eindeutiges Kriterium der Zugehörigkeit zur christlichen Gemeinschaft aufgeweicht und untergraben. Um der darauf reagierenden Politik der Zwangsbekehrung ein Objekt zu geben, wurden mit Hilfe des Rassenbegriffs neue, scheinbar natürliche Kategorien der Zugehörigkeit erfunden. An die Stelle des Glaubensbekenntnisses trat jetzt die Abstammung als zentrales Merkmal von Zugehörigkeit. Der Zweck dieser neuen rassischen Kategorien bestand darin, eine faktisch multikulturelle Gesellschaft zunächst auf dem Wege der Naturalisierung von Zugehörigkeit zu ordnen und dann auf dem Wege der Zwangsbekehrung zu vereinheitlichen. Damit wurden Kultur, Glaube und Tradition im Kontext der *Reconquista* erstmals von der neuen, Ordnung stiftenden Kategorie der ‹Rasse› überformt und im Medium kollektiver Abstammung erfaßt.

Diese erste Ausbildung des neuzeitlichen Rassismus im Spanien des ausgehenden 15. Jahrhunderts hatte indes wenig mit Spanien oder gar den Spaniern zu tun. Vielmehr hat man in der *Reconquista* ein gesamteuropäisches Ereignis zu sehen, insofern die Iberische Halbinsel damals wie keine andere Region Schnittpunkt und Schmelztiegel der drei dominanten Religionskulturen des Kontinents war. Zudem war es nicht verwunderlich, daß im 15. Jahrhundert, als sich überall in Europa mit der Entstehung der Wissenschaft, des Humanismus oder der innerkatholischen Reformen, ein Wille zur Neuordnung der Welt regte, die erste umfassende politische Neuordnung dort stattfand, wo die kulturelle Unordnung scheinbar am größten war. In jedem Fall zeigt diese erste Ausprägung dezidiert rassistischer Praktiken und Denkmuster am Vorabend der Neuzeit, daß Rasse und Rassismus keineswegs archaische Phänomene sind, sondern immer dort eine Rolle spielten, wo es um eine *rationale Neuordnung* von Zugehörigkeit ging.

Neben der Verwendung des Rassenbegriffs zur Kennzeichnung der Juden und Mauren im Spanien des ausgehenden 15. Jahrhunderts trug zu seiner Verbreitung in Europa im 16. Jahrhundert auch der politische Streit über das Verhältnis zwischen Geburts- und Amtsadel in Frankreich bei. In der Unterscheidung zwischen der *noblesse de robe* und der *noblesse de race* war letzteres zunächst der Begriff, auf den sich der traditionelle Geburtsadel berief, um sein hergebrachtes politisches Vorrecht einzuklagen. Während dieser Versuch, die eigenen Privilegien gegenüber dem Amtsadel zu behaupten, weitgehend scheiterte, setzte sich der Rassenbegriff in der streng hierarchischen Gesellschaft Frankreichs umso schneller als Sammelbezeichnung für die jeweiligen kollektiven Eigenschaften und Qualitäten der sozialen Stände durch, was Konsequenzen bis zur Französischen Revolution und darüber hinaus haben sollte.

In dieser Form eines Begriffs, der die Summe der inneren Qualitäten und Merkmale meinte, die mit einer bestimmten Zugehörigkeit einhergingen, verbreitete sich das Wort ‹Rasse› dann vom Spanischen und Französischen ins Italienische, Englische, Deutsche und bald auch in die nord- und osteuropäischen Sprachen. Dabei spielte die Frage, auf welche Gruppe er legitimerweise überhaupt angewendet werden durfte, kaum eine Rolle, was dazu führte, daß schon im 16. und vermehrt im 17. Jahrhundert so gut wie jede Art von Kollektiv als Rasse bezeichnet werden konnte. Die Wortschöpfungen ‹christliche Rasse› oder ‹Rasse der Christen› wurden ebenso gängig wie ‹jüdische Rasse›, ‹Adelsrasse›, ‹menschliche Rasse› oder auch der Gebrauch von ‹Rasse› als Schimpfwort etwa in den Bezeichnungen ‹Teufels-› oder ‹satanische Rasse›.

So vielfältig der Gebrauch des Rassenbegriffs in der Frühen Neuzeit war, so wenig hatte er mit der uns geläufigen Unterscheidung zwischen Natur und Kultur zu tun, die sich erst im 18. Jahrhundert als kategoriale Unterscheidung herausbildete. Insofern läßt sich in keinem der genannten Kontexte, auch dort nicht, wo explizit von Blut und Abstammung die Rede war, von einer Biologisierung im heutigen Sinne reden. In der Frühen Neuzeit hatten Worte wie Rasse, Vererbung, Abstammung, Herkunft oder auch Blut überlappende Bedeutungen. Ihre ‹biologische› Semantik konnte kaum von ihrem kulturellen oder politischen Sinn unterschieden werden. Eines aber hatten sie gemeinsam: sie trugen wesentlich dazu bei, den religiösen Glauben als das bis dahin primäre Kriterium von Gemeinschaftszugehörigkeit abzulösen.

Was mit den getauften Juden Spaniens begann, setzte sich überall in Europa fort: soziale Stände, Sprachgemeinschaften, regionale, ethnische und politische Kollektive traten den religiösen Gemeinschaftsformen zur Seite und bisweilen auch entgegen. Hinzu kam die immer deutlicher werdende Vielfalt der heidnischen Kulturen außerhalb Europas. In beiden Kontexten fungierte der Rassenbegriff als eine erste, wenn auch vage Kategorie der Unterscheidung und Ordnung von Gruppen. Dabei setzte er gemeinsame Abstammung und Herkunft zwar voraus, ohne sie aber genauer zu benennen. Diese Funktion des Begriffs als eine erste sinnstiftende Unterscheidung von Menschengruppen unter den Bedingungen ihrer unklaren Herkunft blieb lange erhalten. Noch 1784 war ‹Rasse› für den Historiker und Forschungsreisenden Georg Forster nichts anderes als die Bezeichnung für eine Gruppe oder ein Volk «mit eigentümlichem Charakter», aber gerade «unbekannter Abstammung.»

Damit verwies der Rassenbegriff auf eine Art geheimes Wissen, auf eine verborgene Wahrheit über die Herkunft und den natürlichen Charakter bestimmter Menschen, ohne daß diese im einzelnen unmittelbar erkennbar sein mußten. Rasse war Ausdruck für das im Blut liegende und damit gerade nicht unmittelbar sichtbare, sondern in den Tiefen der Herkunft und Abstammung verborgene Wesen einer bestimmten Gruppe von Menschen. Damit sollte er Differenzen markieren, wo diese zu verwischen drohten, und Zugehörigkeiten klären, wo diese undeutlich wurden.

Markierten die endgültige Vertreibung der Muslime und die Erfindung des Judentums als Rasse im Jahr 1492 den europäischen Beginn des neuzeitlichen Rassendiskurses, so läßt sich in der Landung Kolumbus‘ auf den Bahamas im gleichen Jahr sein zweiter, weltgeschichtlicher Anfang identifizieren. In den folgenden fünf Jahrhunderten einer immer wieder rassentheoretisch begründeten Kolonisierung des Globus sollte es weltweit zu Formen rassistischer Gewalt kommen, die in quantitativer und qualitativer Hinsicht der Antike wie dem Mittelalter fremd waren. Begleitet wurde dieser Expansionsprozeß von einem neuen Wissen über den globalen Charakter der Welt. Auch wenn es noch Jahrhunderte dauern sollte, bis die letzten für Europa unbekannten Flecken des Erdballs erschlossen wurden, war der planetare Charakter unseres Lebensraums spätestens 1521 nicht mehr zu leugnen, als das letzte von Magellans Schiffen aus dem Osten heimkehrte, nachdem es Europa westwärts verlassen hatte. Damit war nicht nur die Kugelgestalt der Erde, sondern ebenso die faktische, planetare Begrenztheit des weltlichen Raums erwiesen. Von nun an lebte die Menschheit in einer geschlossenen Sphäre, die man noch eine Weile entdecken und erobern konnte, ab einem bestimmten Punkt aber unweigerlich würde teilen und verwalten müssen.

Expansion und Sklaverei

Obwohl die Kirche im Rahmen ihrer intensiven Missionstätigkeit in der «Neuen Welt» deutlich wieder den Integrationsgedanken des christlichen Universalismus in den Vordergrund stellte und Bekehrung und Taufe wieder als eindeutiges Kriterium der Zugehörigkeit zur erlösbaren Christenheit betrachtete, hatte dies für die Betroffenen, wie etwa im Fall der amerikanischen Indianer, zunächst kaum positive Folgen. Für die weltlichen *Conquistadores* machte es kaum einen Unterschied, ob einige dieser ‹Wilden› von Missionaren getauft waren oder nicht. Sie gewöhnten sich schnell daran, in den einheimischen Kulturen der neu entdeckten Länder nur einen weiteren Faktor der oft feindlichen Natur dieser Breiten zu sehen und sie bestenfalls nach Arbeitsfähigkeit und -willigkeit voneinander zu unterscheiden. Schon Kolumbus hatte von der Unwilligkeit der südamerikanischen Indianer berichtet, sich in Arbeitsprozesse eingliedern zu lassen, während die Portugiesen – wie er dezidiert bemerkte – an der afrikanischen Westküste mit den dort lebenden Menschen in dieser Hinsicht offenbar leichteres Spiel hatten. Daher dauerte es nach der ersten Fahrt des Kolumbus nicht mal zwei Jahrzehnte, bis im Januar 1510 das erste Schiff mit 50 schwarzen Sklaven von Westafrika, zunächst noch mit Umweg über Spanien, nach Haiti segelte, um mit dort produzierten Waren wieder nach Europa heimzukehren. Damit war der Grundstein für den später sogenannten Dreiecks-Sklavenhandel zwischen Europa, Afrika und Amerika gelegt, in dessen Verlauf bis ins 19. Jahrhundert schätzungsweise 11–15 Millionen Menschen zwangsdeportiert wurden – das erste wahrhaft ‹globalisierte› Wirtschaftssystem der Geschichte.

Doch nicht nur die Arbeitsunwilligkeit der amerikanischen Indianer brachte die Europäer dazu, Sklaven nach Amerika zu verschiffen, sondern ebenso der rapide Schwund der einheimischen Bevölkerung während der ersten Jahrzehnte nach Ankunft der Europäer. Die rücksichtslose Gewalt der spanischen Eroberer schon bei geringstem Widerstand und die Folgen eingeschleppter, in Amerika bis dahin unbekannter Krankheiten dezimierten die Zahl der Indianer so rasch, daß auf den vorgelagerten ‹Westindischen› Inseln schon um die Mitte des 16. Jahrhunderts nur noch ein Bruchteil der ursprünglichen Bevölkerung lebte. Auf dem Festland, von Peru bis Kalifornien, sollte sich dieser Prozeß mehrfach wiederholen. Allerdings hielt diese Vertreibungs- und Vernichtungspolitik der spanischen und portugiesischen Kolonisatoren sie nicht davon ab, mit den Einheimischen sexuell zu verkehren. Daher kam es in den spanischen und portugiesischen Kolonien schon früh und mehr als unter der Herrschaft anderer europäischer Staaten zur Ausbildung ethnisch hochgradig gemischter Bevölkerungen, was sich durch den ‹Import› afrikanischer Sklaven noch verstärkte.

Während sich so in Südamerika trotz der anfänglich massenvernichtenden Kolonisierungs- und Verdrängungspolitik langfristig eine multiethnische Bevölkerung entwickelte, war dies in den etwas später einsetzenden Eroberungen der Engländer, Franzosen und Holländer, die ihre Kolonien auch systematisch besiedelten, nicht der Fall. Besonders auf dem nordamerikanischen Kontinent und später in Australien und im Pazifik hatte dieser Siedlerkolonialismus langfristig die fast vollständige Verdrängung und Ausrottung der einheimischen Bevölkerungen zur Folge.

Auch wenn sich diese Ausrottungspraktiken mit ihren Millionen von Opfern im Nachhinein als Völkermorde und rassistische Formen der Vernichtung fremder Kulturen darstellen, darf nicht vergessen werden, daß sie sich über einen langen Zeitraum erstreckten und weder einem expliziten politischen Programm folgten noch von Anfang an durch rassistische Überlegenheitskonzepte legitimiert wurden. Vielmehr gehört es, wie bereits im ersten Kapitel erläutert, zu den zentralen Merkmalen des neuzeitlichen Rassismus, daß sich Praxis und Ideologie gegenseitig hervorbringen. Nicht selten war es erst die Praxis der Massenversklavung und der Massenvernichtung, die eine nachträgliche Rechtfertigung in Form hierarchischer Naturordnungsmodelle erforderte, vornehmlich dann, wenn die Selbstverständlichkeit dieser Praxis in Frage gestellt wurde. Bisweilen reichte dazu das schiere Ausmaß der angewandten Gewalt aus. Noch wichtiger aber war die schlichte Tatsache, daß die außereuropäische Welt nicht jungfräulich dalag, sondern offenbar schon längst von Menschen bewohnt war. Seit Kolumbus‘ ersten Fahrten wurde dies zu einem immer bedeutsameren Politikum und Thema des europäischen Selbstverständnisses, dem gegenüber sich die weltlichen Herrscher, die Kirchen und Orden, der Adel, die Händler oder die Gelehrten je unterschiedlich verhielten. In jedem Fall wäre es falsch, die Geschichte der europäischen Expansion als Folge eines vorab existenten europäischen Rassismus zu betrachten. Statt dessen gehörte umgekehrt die koloniale Expansion zu den wichtigen, langfristigen Bedingungen, welche die Herausbildung des modernen europäischen Rassismus möglich machten.

In den Schriften und Reflexionen der Eroberer und Missionare, die Zeugen der blutigen Schlachten wurden, die im 16. Jahrhundert die mittelamerikanischen Staatsgebilde zerstörten, ist zu lesen, in welchem Maße erst die eigene rassistische Praxis Anlaß war, pseudoethnographische Charakterisierungen der ‹Wilden› unter Rückgriff auf antike, christliche oder eben rassische Topoi zu formulieren. Später waren es dann diese Berichte, an die sich auch die ersten wissenschaftlichen Rassensystematiken des 17. und 18. Jahrhunderts anlehnten. Hinzu kamen die Erfahrungen derjenigen Kolonialisten, die sich dauernd oder doch für längere Zeit in den kolonisierten Gebieten aufhielten, und – vielleicht am wichtigsten – eine in Europa zunehmend blühende Phantasie. So abstrakt das Wissen von den fernen Kontinenten für die meisten Zeitgenossen gewesen sein mag, in ihrer Vorstellungswelt wurden sie sehr schnell Teil des eigenen Selbstverständnisses.

Ein typisches Beispiel hierfür ist der Topos des Kannibalen, der seit dem frühen 16. Jahrhundert in Berichten und Flugschriften, später in Romanen und gelehrten Abhandlungen tradiert wurde und bis heute einen festen Platz in der europäischen Kulturgeschichte hat. Obwohl die moderne Archäologie ein hohes Maß an ritueller Gewalt im Herrschaftssystem der mexikanischen Hochkulturen vermutet, wozu offenbar auch die rituelle Verspeisung menschlicher Körperteile gehörte, ist ein tatsächlicher Kannibalismus bislang nirgends nachgewiesen worden. Im europäischen Blick aber wurde aus jenen besonderen Ritualen eine alltägliche und wild ausgeschmückte Ernährungspraxis, die mit gezieltem Jagen, Mästen und täglichem Verschlingen anderer Menschen einhergehe und einer angeborenen Grausamkeit entspringe. Selbst im deutschen Sprachraum kursierten schon ab 1510 solche Flugschriften über die «leüth fresser» in Übersee, die böser seien «als die vuernünfftige tier». Auch hier aber stand weniger ein rassistischer Überlegenheitsdünkel am Anfang als vielmehr die Verständigung über den Umgang mit Völkern, deren menschlicher Status unklar war. Der Kannibalen-Mythos schaffte Klarheit: solange diese Völker Menschenfresser waren, war die Menschlichkeit der eigenen Gewaltpraxis gesichert. Lange galt der Kannibalismus als eine Tatsache und wurde neu entdeckten Kulturen immer wieder als eine geradezu typische Ernährungsform unterstellt. Erst mit Daniel Dafoes *Robinson Crusoe* kam die Vorstellung auf, daß man sogar Menschenfresser zu Menschen erziehen könne.

Dieser Erziehungsgedanke spielte im 18. Jahrhundert dann auch im karibischen Plantagensystem eine Rolle, wo sich die Grundzüge der neuzeitlichen Sklavenhaltergesellschaften ausbildeten. Hier entwickelte sich die Sklaverei zu einem patriarchalen Herrschaftssystem, das quasi-humane Ideen der Fürsorge und Verantwortung mit der strikten Unfreiheit der Sklaven und ihrem Status als ‹Besitz› verknüpfte. Daraus erwuchs ein pseudo-aristokratisches Selbstverständnis der Plantagenbesitzer, in dessen Zentrum die Idee der natürlich gegebenen, rassischen Minderwertigkeit der Afrikaner stand. Zu den entsprechend unhinterfragten Annahmen gehörte die Notwendigkeit der Erziehung und Pflege der Sklaven ebenso wie die strikte und gewaltsame Ahndung ihrer Regelübertretungen oder auch ihre wie selbstverständlich angenommene sexuelle Verfügbarkeit. Erst im amerikanischen Bürgerkrieg 1861–65 fand dieses erste, in seiner Grundstruktur genuin rassistische Kultursystem sein endgültiges, aber noch lange beklagtes Ende. Insgesamt stellten Sklaverei und Sklavenhandel die erste Form eines voll ausgebildeten Rassismus in der europäischen Neuzeit dar, der 400 Jahre

Bestand hatte und die neuzeitliche Verflechtung Europas mit dem Rest der Welt antrieb und prägte.

Sklaverei und Sklavenhandel spiegeln aber auch die Veränderungen, die der Rassismus in dieser Zeit durchmachte. Während am Beginn ein Mangel an Arbeitskräften in der Neuen Welt stand, der durch einige ‹mitgebrachte› Menschen aus anderen gerade kolonisierten Gebieten behoben werden sollte, entfaltete die Sklaverei als Wirtschaftssystem mit der Zeit eine Dynamik, die es notwendig machte, zu erklären, warum hier Menschen zur ökonomischen Ware gemacht wurden. In dieser faktischen Degradierung der Afrikaner zu verfügbaren Arbeitstieren lag der eigentlich historische Ursprung für ihre spätere Plazierung auf der alleruntersten Stufe der Rassenhierarchien. Die Mißachtung, mit der besonders die europäische Aufklärung und der Idealismus gerade die afrikanischen Kulturen betrachteten, war vor allem ein Reflex auf diese bereits Jahrhunderte währende Praxis der Versklavung.

Entsprechend schwierig gestaltete sich das europäische Welt- und Selbstbild, als sich die universalistischen und egalitären Ansprüche des modern-aufgeklärten Denkens ab dem späten 18. Jahrhundert auch in der politischen Wirklichkeit abbilden sollten, wie der berühmte Fall des Menschenrechtlers und Sklavenhalters Thomas Jefferson zeigt. In Reaktion auf diese neuen Formen einer ernsthaften Delegitimierung der Sklaverei im westlich-europäischen Selbstverständnis entwickelte auch der Rassismus eine neue Funktionsweise: An die Stelle der nachträglichen Begründung rassistischer Verhältnisse trat nun ihre praktische Stabilisierung nach Maßgabe der zuvor nur legitimierenden rassentheoretischen Annahmen. Diese Annahmen aber, auf die der moderne Rassismus in jeder seiner Varianten zurückgriff, um sie zugleich weiterzuentwickeln, entstanden im wesentlichen in jenen drei Jahrhunderten zwischen Kolumbus' ersten Fahrten und der Französischen Revolution, als Europa nicht nur expandierte, sondern zugleich auch in seinem Inneren einen zähen und langwierigen Kampf um politische Macht und kulturelle Deutungshoheit führte.

Wissenschaft und politisches Denken

Nach der Eroberung der «Neuen Welt» dauerte es nicht lange, bis sie von den europäischen Gelehrten auch als Projektionsfläche entdeckt wurde – nicht nur der eigenen Phantasien, sondern ebenso der eigenen Unzufriedenheit. So entwarf Montaigne schon 1580, ausgerechnet in einem Essay über den Kannibalismus, die Grundzüge jenes Bildes vom ‹Guten Wilden›, das bis ins 19. Jahrhundert hinein ungemein populär bleiben sollte. Es ging dabei aber nicht etwa um eine neue Form des Respekts oder der Anerkennung. Vielmehr ließen sich die außereuropäischen Sitten, insofern sie von jeder Kultur im europäischen Sinne unberührt schienen, auch in ihren gewalttätigen Aspekten als Ausdruck von Reinheit, Natürlichkeit und Ehrlichkeit hinstellen, vor deren Hintergrund die europäischen Verhältnisse in ihrer angeblichen Verlogenheit, Künstlichkeit und Verfälschung kenntlich gemacht werden konnten. So stellte Montaigne den Folterpraktiken der heimischen Inquisition die angenommenen kannibalischen Sitten der ‹Wilden› gegenüber, die in jeder Hinsicht die ehrlichere und vorzuziehende Form von Gewalt seien.

Diese Art von Kritik der eigenen Kultur und Gesellschaft im Spiegel des außereuropäischen Anderen wurde zu einem tragenden Leitmotiv der ethnographischen Reiseliteratur der Frühen Neuzeit und erlebte in der Aufklärung ihre höchste Blüte. Während die außereuropäischen Kulturen auf diesem Wege also einen massiven Einfluß auf die innereuropäische Entwicklung nahmen, wurden sie zugleich von einem immer dichteren Netz der Mythisierung, Ideologisierung und Entstellung überzogen, das erst zu zerreißen begann, als die Expansion in Globalisierung umschlug und Menschen aus dem ‹Rest› der Welt in größerer Zahl nach Europa kamen. Nicht trotz, sondern gerade wegen dieser Funktion der «Neuen Welt» als Projektionsfläche des europäischen Selbstverständnisses aber ist die Herausbildung der Moderne, wie wir sie kennen, ohne den immer wieder neu reflektierten und immer wieder neu entstellten außereuropäischen Erfahrungsraum, der sich mit der Expansion öffnete, kaum verstehbar. Er ist gerade dann zu berücksichtigen, wenn man die weitere Geschichte des Rassenbegriffs und des rassentheoretischen Denkens bis ins 18. Jahrhundert und in die Moderne hinein verfolgt.

Nicht zuletzt die gläubigen Christen sahen sich durch die Entdeckung ganzer Kontinente voller Menschen und Völker mit einer erheblichen potentiellen Erweiterung der Christenheit konfrontiert. Daher waren es zunächst vor allem Geistliche, die damit begannen, die Völker und Kulturen der Erde hinsichtlich ihrer körperlichen wie moralischen Eigenschaften zu beschreiben und zu kategorisieren. Dabei sollte die Vielfalt der göttlichen Schöpfung ebenso betont werden wie deren harmonische Ordnung. Vor allem mußte gezeigt werden, daß auch die «Neue Welt» mit ihren fremden Menschen und oftmals noch fremderen Ritualen ein bis dahin nur nicht wahrgenommener Teil des göttlichen Schöpfungsplans war.

Ab dem 17. Jahrhundert begannen dann auch nicht-geistliche Gelehrte, Naturkundler, Philosophen und Ärzte, dieses System der menschlichen Arten und Rassen zu differenzieren und auszubauen. Anfänglich noch mit dem starken Bemühen, es mit den tradierten Lehren der Kirche in Einklang zu bringen, doch zunehmend nach einer eigenen Logik, in der körperliche Merkmale und die sich vielfach ausdifferenzierenden Naturtheorien der Frühen Neuzeit eine immer wichtigere Rolle spielten. Dabei zeigte sich eine deutliche Tendenz, welche die Naturkunde am Ende in einen direkten Gegensatz zur Schöpfungslehre bringen sollte. Je mehr Wissen über die außereuropäischen Völker angehäuft wurde, desto schwieriger gestaltete sich der Versuch, diese empirischen Befunde in den hergebrachten Kategorien zu beschreiben.

In der damit angestoßenen Reflexion über neue Systeme der Naturbeschreibung wurde die grundlegende Vorstellung davon, was die Natur überhaupt ist, einerseits aufgeweicht, indem man sie immer deutlicher in Frage stellte, und andererseits ebenso deutlich erweitert. Auf das zunehmende Wissen von der globalen Vielfalt des Lebens reagierten die Gelehrten langfristig mit einem völlig neuen Begriff des Lebens selbst, der sich endgültig von der kirchlichen Lehre emanzipierte, als Linné 1735 auch den Menschen dem Tierreich zuordnete, sich in der Frühaufklärung die Idee einer allmählichen Entwicklung in der Natur durchsetzte und das neue Paradigma der Naturgeschichte entstand. Der Rassenbegriff übernahm dabei häufig die Aufgabe einer ersten Einteilung und Schematisierung neu entdeckter Völkerverbände. Doch zugleich behielt er seine aus den Anfängen herrührende Bedeutungsvielfalt bei: er bezog sich auf die Summe kollektiver wie individueller Eigenschaften, er war externe Kategorie der Unterscheidung von Gruppen nach körperlichen Eigenschaften und er verwies auf eine ursprüngliche und ‹wahre› Ordnung in aktuell scheinbar verworrenen Verhältnissen. Alle drei Elemente dieser Semantik, tradiert in der ethnographischen Reiseliteratur, lagen also bereit, als im 18. Jahrhundert Wissenschaft, Politik und Geschichtsschreibung den Begriff jetzt wieder verstärkt zur Selbstbeschreibung der europäischen Verhältnisse aufnahmen.

Möglich wurde das vor allem durch ein neues Verständnis politischer Herrschaft, das sich im Europa des 17. und 18. Jahrhunderts allmählich herausbildete. In ihm waren es nicht mehr nur territoriale Zugewinne, Eroberungen und innere Stabilität, die den Erfolg und die Reputation der Fürsten und Könige garantierten. Vielmehr begannen nun, auch die Beherrschten selber und ihre Lebensverhältnisse im Kalkül der Machthaber eine Rolle zu spielen. Zu regieren bedeutete jetzt nicht mehr nur, Macht über eine anonyme Masse von Untertanen zu haben, sondern diese als die Bevölkerung des eigenen Staates und damit als eine Ressource der eigenen Macht wahrzunehmen. Die frühen Staatstheoretiker, wie etwa Thomas Hobbes, formulierten dieses neue Verständnis politischer Herrschaft als einen Vertrag, der zwischen Souverän und Volk geschlossen werde, um einen andernfalls unweigerlich drohenden, natürlichen Krieg aller gegen alle zu verhindern. Was dieses Modell vom mittelalterlichen Herrschaftsverständnis grundlegend unterschied, war vor allem die Idee, daß die Beherrschten ein genuiner Teil des Herrschaftssystems seien – noch lange nicht im Sinne einer demokratischen Mitbestimmung, aber doch im Sinne einer zu beachtenden und möglichst effizient zu verwaltenden Machtressource.

Diese neue Bedeutung der Bevölkerung eines Herrschaftsgebietes als Objekt einer aktiven und möglichst effektiven Regierungspraxis nahm im Laufe des 17. und 18. Jahrhunderts kontinuierlich zu. Die Handelsbeziehungen in den Städten, die Lebensmittelproduktion auf dem Land, die Geburten- und Sterblichkeitsrate, die Heiratspolitik, die Verbreitung von Hungersnöten oder Epidemien, das tägliche Handeln und Produzieren, kurz: das alltägliche Leben der Untertanen wurde jetzt als ein organischer Gesamtzusammenhang verstanden, der zum Wohle der Herrschaftsstabilität erforscht und reguliert werden müsse. Viele frühneuzeitliche Staaten übertrugen die Aufgabe dieser Regulierung einer eigenen, neuen Institution, der «Polizey», die bis in den lokalen Alltag hinein das betrieb, was man heute Sozial- und Wirtschaftspolitik nennen würde. Kern dieser neuen Regierungspraxis aber war die Vorstellung, daß die Bevölkerung nicht mehr nur die Summe der Beherrschten war, sondern ein bestimmtes lebendes Kollektiv, ein gesund zu erhaltender Körper mit vielen Köpfen.

Im 18. Jahrhundert sollte sich dieses Kollektiv, als ‹Gesellschaft› und ‹Nation›, in ganz neuer Weise auf seine Macht besinnen, sich gegen den absolutistischen Souverän wenden und selber die Herrschaft beanspruchen. Dazu bedurfte es zwar weiterer Voraussetzungen, doch basierte die schließliche Ausweitung der Bevölkerung zum Subjekt und Träger politischer Herrschaft, die das Zeitalter der modernen Demokratie einleitete, auch auf der frühneuzeitlichen Idee, daß die Beherrschten eben keine bloßen Untertanen, sondern als lebendiges Kollektiv aktiv zu regierender Teil des Herrschaftssystems im Ganzen waren. An eben diese Idee aber schloß sich schon im 17. Jahrhundert auch eine neue Verwendungsweise des Rassenkonzepts an.

Denn beim Blick auf die binneneuropäischen Verhältnisse übernahm der Rassenbegriff einen Großteil der Semantik des Begriffs der Bevölkerung. Rassen nannte man jetzt Volksgruppen, die als Stämme und in sich geschlossene Abstammungsgemeinschaften gedacht wurden, obwohl sie faktisch nur Angehörige eines bestimmten Herrschaftsraums waren. Mehr noch, man verstand sie als kollektive Körper und organische Einheiten mit bestimmten Eigenschaften, Lebensweisen und Fähigkeiten. Je mehr also die Bedeutung der Bevölkerungen für die einzelnen Herrschaftsräume wuchs, desto mehr traten sie auch als ganz bestimmte Stämme, Völker und Rassen ins Bewußtsein. Die Idee eines Kollektivkörpers, wesentlicher Teil der Vorgeschichte unseres modernen Prinzips der Volkssouveränität, war ein ebenso wichtiger Teil der Vorgeschichte des modernen Rassendenkens. Hier liegt die historische Ursache dafür, daß das Konzept der Rasse sich seitdem so oft und so einfach mit den eigentlich rein politischen Begriffen des Volks oder der Nation vermischen konnte. Hinzu kam, daß auch die Aufklärung des 18. Jahrhunderts im Namen einer neuen rationalen Weltordnung nur zu gern auf das Rassenkonzept zurückgriff.

V. Das 18. Jahrhundert und die Aufklärung

Rückblickend mag der Reiz, den der Rassenbegriff auf die Aufklärer und ihren Rationalismus ausübte, erstaunen – in ihrer Sicht aber repräsentierte er einen wichtigen Schritt in der Rationalisierung der menschlichen Natur. Zum Verständnis der rasanten Entfaltung rassistischer Denkweisen und Praktiken in der Moderne ist gerade dieser Zusammenhang von einiger Bedeutung. Weniger weil ‹schon› in der Aufklärung die vielzitierte ‹dunkle› Seite der Moderne deutlich wurde, sondern weil sich hier die ‹helle› Seite des Rassenkonzepts herausbildete: sein Versprechen einer rational-wissenschaftlichen Ordnung von Zugehörigkeit in einer zunehmend unübersichtlichen Welt und inmitten einer Epoche, die aus Sicht der Zeitgenossen wie keine andere hergebrachte Zugehörigkeiten zur Disposition stellte.

In diesem Zusammenhang ist die Feststellung wichtig, daß der Rassenbegriff in den Wissenshorizont der Aufklärung zunächst nicht als ein biologischer Begriff, sondern als ein historisches Konzept einging. Besonders popularisiert wurde es anfänglich zudem von einem Autor, der den Adel und seine Privilegien gegen ihre beginnende Kritik gerade zu verteidigen suchte. Henri de Boulainvilliers' Geschichte des französischen Adels, 1727 veröffentlicht, stellte Adel und Volk als zwei getrennte Rassen dar, die sich im Grunde nie vermischt und deren ewiger Kampf die Geschicke Frankreichs immer schon bestimmt hätten. Obschon als eine Stärkung der Aristokratie gemeint, ließ sich dieses Modell, ohne an Überzeugungskraft zu verlieren, rasch auch mit umgekehrten Vorzeichen belegen und als eine rassengeschichtliche Orientierung bürgerlicher Emanzipationsbestrebungen verwenden. Überhaupt hat Boulainvilliers mit der Idee eines ewigen Kampfs zwischen strikt getrennten Großgruppen als der eigentlichen Ursache aktueller Konflikte eine Sichtweise geprägt, die in den modernen Weltdeutungen immer wieder aufgegriffen wurde: sie beeinflußte das politisch-historische Denken von Montesquieu und Augustine Thierry ebenso wie später das Klassenkampfkonzept von Karl Marx oder heute noch die Idee vom Kampf der Kulturen.

Boulainvilliers' Rassengeschichte des französischen Adels war einerseits eines der ersten Beispiele für ein modernes Geschichtsverständnis, das gegenwärtige Verhältnisse aus einem übergreifenden Gesamtprozeß herleitet. Andererseits blieb seine Absicht, der spätabsolutistischen Aristokratie die Vergangenheit als Vorbild zu präsentieren, noch ganz einem älteren Begriff der Geschichte als lehrhafter Beispielsammlung verpflichtet. Nicht zuletzt aus solchen Vermischungen vormodernen Regeldenkens mit neuartigen Auffassungen der Machbarkeit von Geschichte entwickelte sich jenes Bild der Welt als einer quasi-maschinell funktionierenden Ordnung, das in der Aufklärung des 18. Jahrhunderts lange vorherrschte. Verstand und Vernunft, welche die Aufklärer den hergebrachten religiös-kirchlichen Lehren entgegenstellten, wurden zugleich auf die Natur und auf die Geschichte übertragen. Man unterstellte ihnen eine vernünftige und geradezu menschlich-verständige Einrichtung. Dieses anthropomorphe Weltverständnis drückte sich nicht zuletzt in dem übergreifenden Namen aus, den die Aufklärer bevorzugt für ihr eigenes Weltbild gebrauchten: Naturgeschichte.

Naturgeschichte läßt sich zunächst wörtlich als Bezeichnung

eines wissenschaftlichen Denkens verstehen, dem die Differenzierung in Disziplinen, in Biologie und Geschichte, Natur- und Geisteswissenschaft noch bevorstand. Darüber hinaus war die Naturgeschichte eng an das Naturrecht gekoppelt, die Summe all jener, das göttliche Recht ablösender, aber ebenso unveräußerlicher, natürlicher Rechte, die im Zentrum der politischen Theorien und Forderungen der Aufklärung standen. Naturgeschichte wurde als die das Naturrecht begründende und herleitende Wissenschaft verstanden und war umgekehrt in ihrer Annahme von Gesetzen und Regelmechanismen der wissenschaftliche Spiegel des zeitgenössischen Rechtsdenkens. Sie entwarf ein ‹Tableau› der Welt, auf dem alles in der Form eines bereits gesicherten oder aber möglichen Wissens immer schon seinen Ort hatte. So verwandelten sich auf den Weltkarten die unbekannten Gegenden voller Fabelwesen nun in nüchterne «weiße Flecken», und aus den dort lebenden Kannibalen wurden jetzt ‹Naturvölker›. In ihnen sahen die Aufklärer so etwas wie zurückgebliebene Artgenossen, Menschen einer unteren Entwicklungsstufe und zugleich Archetypen der eigenen Vergangenheit. Darin drückte sich die in der Tat universale Integrationsleistung der Aufklärung aus: die außereuropäischen Fremden und Anderen wurden als Vorstufen der eigenen Vervollkommnung ‹integriert›, noch bevor sie überhaupt als Fremde und Andere auftraten. Die Menschheit als naturgeschichtliche Gattung ging dem Menschen als ein konkretes Gegenüber voraus.

‹Menschheit› zwischen Natur und Politik

Am Menschheitsbegriff der Aufklärung läßt sich das spezifisch moderne Problem in der Wahrnehmung von Eigenem und Fremdem, Teil und Ganzem, das die Geschichte des Rassismus unmittelbar berührt, illustrieren. War die Antike vom strikt asymmetrischen Gegenbegriffspaar Hellene/Römer vs. Barbar geprägt und war diese Asymmetrie im mittelalterlichen Gegenbegriffspaar Christ vs. Heide/Häretiker nur wenig verändert worden, so stellte der Menschheitsbegriff des 18. Jahrhunderts eine deutlich radikalere Variante des Universalismus dar, eine

Bestimmung von Zugehörigkeit, die kein Außen mehr kennt. Denn jenseits der Menschheit gibt es keine Form von Zugehörigkeit mehr. Höchstens im Szenario einer Begegnung mit außerirdischen Zivilisationen ist ‹Menschheit› als eine Partikulargemeinschaft denkbar. Diesseits der *science fiction* aber hat der Begriff der Menschheit *per definitionem* keinen Gegenbegriff.

Dieses radikal-universalistische Konzept der Menschheit hatte für das politische Denken im modernen Europa eine Reihe einschneidender Folgen – zumal dort, wo in seinem Horizont auf die eine oder andere Weise dennoch partikulare Besonderheit beschrieben werden sollte. Zunächst setzte sich der universalistische Menschheitsbegriff auch nicht schlagartig durch, sondern wurde mit Hilfe bestimmter Hilfskonstruktionen in seiner Radikalität abgeschwächt. Zu den wichtigsten dieser Hilfsmodelle gehörte, wie schon bei Augustinus, die Temporalisierung, jetzt aber in den typisch aufklärerischen Formeln des Fortschritts und der Vervollkommnung. Die Naturgeschichte der Menschheit wurde als Prozeß ihrer allmählichen Entfaltung verstanden, in dessen Verlauf die Europäer am weitesten fortgeschritten seien, während die außereuropäischen Kulturen noch auf Vorstufen verharrten. Andere Varianten idealisierten, genau anders herum und in selbstkritischer Absicht, die Naturvölker zum unverfälschten Urzustand und sahen in den europäischen Verhältnissen einen Verfall oder eine Abweichung vom geraden Weg der Vervollkommnung.

Beide Denkweisen aber, repräsentiert in den gegensätzlichen Topoi vom ‹wilden Kannibalen› und vom ‹edlen Wilden›, waren nur verschiedene Varianten des Versuchs, die erfahrbare kulturelle Differenz mit dem Konzept der einen, übergreifenden Menschheit zur Deckung zu bringen. Ein weiterer beliebter Ansatz, die vielfältigen Differenzen innerhalb der einen Menschheit zu erklären, war der alte aristotelische Gedanke eines grundlegenden Einflusses klimatischer Verhältnisse. Die Faustregel dieser Klima-Theorie formulierte Montesquieu: «Kalte Luft strafft, warme Luft erschlafft.» Damit ließ sich die Trägheit der Afrikaner ebenso wie die Unempfindlichkeit der Russen erklären. Allein die europäischen Völker lebten in einem gemäßigten Klima, und eben deshalb spiele bei ihnen Kultur und Geschichte eine größere Rolle.

Gegen Ende des 18. Jahrhunderts kam als weiteres Erklärungsmodell schließlich die Idee der Polygenese auf, die Annahme, daß die Menschheit nicht nur einmal, sondern mehrfach entstanden bzw. erschaffen worden sei. Ihr stand die These eines monogenetischen, also nur einmaligen Ursprungs der Menschheit gegenüber. Auch wenn die meisten Aufklärer, von Voltaire bis Kant, im Namen des Universalismus Verfechter der monogenetischen Theorie waren, hatte auch die Idee eines mehrfachen Ursprungs der Menschheit seine prominenten Anhänger, so etwa den Forschungsreisenden Georg Forster oder später in abgewandelter Form Johann Gottfried Herder.

Entscheidender als diese Ursprungsdebatten waren für die weitere Geschichte des Rassismus andere Effekte des im 18. Jahrhundert neu gefaßten Verhältnisses von Universalismus und Partikularismus. Zunächst entstand in diesem Kontext eine neue und bis heute dominant gebliebene Form der politischen Gemeinschaftsbildung, die als politische Konkretisierung des Menschheitsgedankens verstanden wurde: die Nation. Sie galt als ein Stück Menschheit, das sich zu einer politischen Gemeinschaft zusammengeschlossen hat. Im Kontext der modernen Verschiebung der Souveränität vom Monarchen auf das Volk bestimmte die Nation, wer genau Träger dieser Souveränität ist. Die Nation war damit, zumindest anfänglich, die politisch-konkrete Ausdrucksform des aufgeklärten Universalismus.

Dennoch ist es immer wieder zu einer Umkehrung dieses Verhältnisses, also zu einer Aufladung des Universalismus mit den Sonderinteressen einer bestimmten Gemeinschaft gekommen. Diese Verkehrung lag um so näher, je deutlicher sich der aufklärerische Universalismus von christlichen Vorläufern abgrenzen und als eine genuine Errungenschaft europäischen Geistes gelten wollte. Wurde die neue Kategorie einer universalen Menschheit mit einer bestimmten bürgerlichen Schicht oder einer bestimmten Nation einmal gleichgesetzt, so tendierte die Wahrnehmung der Nicht-Zugehörigen regelmäßig und folgerichtig zur Entmenschlichung. Die Idee der einen Menschheit schuf sich in diesen Fällen ihre eigenen Gegenbegriffe des Nicht-Menschlichen. Es sollten nicht zuletzt rassistische Ideologien sein, die den Begriff des Menschen, der eigentlich keinen Gegenbegriff hat, immer wieder um solche paradoxen Gegenkonzepte des Unmenschen oder des Untermenschen ergänzten, um einzelne wie ganze Völker der politisch legitimen Vernichtung zu überlassen.

Eine dritte Variante der Verschränkung von Universalismus und Partikularismus lag schließlich darin, die Unterschiede zwischen Menschengruppen selber in der Vorstellung eines ewigen Rassenkampfs zu universalisieren. An die Stelle der Asymmetrie von Teil und Ganzem trat hier ein symmetrisch und global gedachter Kampf zwischen Völkern und Nationen ebenso wie zwischen Gruppen innerhalb einer Gesellschaft. Dieser Kampf wurde als übergreifende Regel und Naturgesetz der Geschichte gedacht. Überlegenheit und Dominanz der einen über die andere Gruppe wurden hier nicht mehr als gegeben oder zumindest vorherbestimmt angenommen, sondern immer erst als Resultat dieses ewigen Kampfes der Rassen verstanden, also abhängig gemacht vom Lauf der Natur und der Geschichte. Diese dritte Form der modernen Neukonzipierung von Eigenem und Anderem bzw. von Teil und Ganzem, die uns das 18. Jahrhundert hinterlassen hat, ist diejenige, die Boulainvilliers in seiner Geschichte des jahrhundertelangen Rassenkampfs zwischen Adel und Volk schon früh formulierte, sich in einer langen Kette ähnlicher Modelle fortsetzte und – wie die folgenden Kapitel zeigen werden – bis in unsere Gegenwart einflußreich bleiben sollte.

Gegenüber den spektakulären Formen der Überformung des modernen Universalismus durch kollektive Sonderinteressen etwa im Nationalismus, Imperialismus oder Totalitarismus, spielte das symmetrische Modell eines ewigen Kampfs zwischen oder innerhalb von Bevölkerungen eine eher hintergründige, bisweilen sogar versteckte Rolle. Dafür aber hat diese Annahme fast jede Form politischen Denkens in der Moderne, von totalitären bis liberal-demokratischen Systemen, in der einen oder anderen Weise beeinflußt. Sie gehört, ähnlich wie der Wissenschaftsglaube oder das Konzept menschlicher Erziehbarkeit, zu jenen Hintergrundüberzeugungen und basalen politischen Traditionen der Moderne, die sich einer eindeutigen Zuordnung zu bestimmten politischen Anschauungen entziehen. Doch ist gerade diese Überzeugung von einem natürlichen und ewigen Krieg zwischen oder innerhalb von Gesellschaften das Medium, in dem sich der Rassismus in der Moderne entfaltete und reproduzierte und in dem er seine größte Wirkungsmacht entwickelte.

Wie früh und tief sich die Idee eines andauernden Kampfs der Rassen in das politische Denken der Moderne einschrieb, wird nicht nur an Boulainvilliers und seinen Nachfolgern in Frankreich deutlich, obschon sie hier auf besonders fruchtbaren Boden fiel. So beeinflußte sie die berühmte Gleichsetzung des Dritten Stands mit der wahren französischen Nation durch Sieyès ebenso wie die postrevolutionäre Geschichtsschreibung Augustine Thierrys, der Boulainvilliers' Schema einfach umdrehte und die Geschichte Frankreichs als jahrhundertelangen und 1789 endlich siegreichen Befreiungskampf des gallisch-keltischen Volkes gegen einen germanischen, also fremdrassischen Adel präsentierte. Doch schon vor Boulainvilliers spielte die Vorstellung eines ewigen Rassenkampfs bereits in den Schriften englischer Rechtsgelehrter wie Edward Coke oder John Selden eine Rolle, die versuchten, den absolutistischen Tendenzen der herrschenden Stuarts bestimmte, aus einer langen Vorgeschichte tradierte Rechte des Volkes entgegenzustellen (*common law*). Im Zentrum dieser historischen Herleitungen stand regelmäßig der jahrhundertelange Freiheitskampf der ‹Angelsachsen› gegen die ‹Normannen›, die zum Zwecke der aktuellen Einforderung von Rechten als zwei Bevölkerungen präsentiert wurden, die sich im Grunde nie vermischt hätten.

Überall, wo im Horizont bürgerlicher Emanzipation und Aufklärung neue national-revolutionäre Formen der politischen Gemeinschaftsbildung entstanden oder zumindest angestrebt wurden, spielten ähnliche, zumindest strukturell äquivalente Imaginationen einer Rassenkampfgeschichte eine wichtige Rolle. Die Idee eines schon lange schwelenden, quasi-natürlichen Konflikts, der in den aktuellen politischen Entwicklungen nur mehr zum Ausdruck komme oder kommen müsse, gehörte im späten 18. und frühen 19. Jahrhundert zu den populärsten historischen Denkfiguren. Selbst in Nordamerika, dessen Umbildung zu den Vereinigten Staaten aufgrund der kolonialen Konstellation sich sehr von der Nationsbildung in Frankreich oder Deutschland unterschied, entwickelte sich jene langlebige Legende des Exzeptionalismus und des später so genannten «Manifest Destiny». Ihren Kern bildete die unter anderem von dem Historiker George Bancroft popularisierte Annahme, daß es nicht irgendwelche Auswanderer und Kolonisten gewesen seien, die sich ab 1776 ihre Unabhängigkeit vom Mutterland mühsam erkämpft hatten, sondern daß hier ein ganz bestimmter wagemutiger und durch die Auswanderung weiter gestählter Menschenschlag das ihm vorherbestimmte ‹gelobte Land› von der künstlichen Vorherrschaft eines fremden Volkes befreit habe.

Auch in der frühen Nationalbewegung in Deutschland schließlich finden sich Varianten jener Umdeutung sozialer oder politischer Konflikte in bloße Ausdrucksformen eines tieferliegenden, latenten Kampfs des wahren deutschen Volks gegen fremde Gängelung und Unterdrückung: von der nationalromantischen Verherrlichung deutscher Volkskultur bis zu Herders prinzipiellem Kulturrelativismus. In diesem Sinne steckte etwa auch in der damals zum ersten Mal formulierten und bis ins Dritte Reich tradierten Umdeutung des Römerfeinds Arminius zu Hermann, dem deutschen Befreiungshelden, nicht nur ein Stück klassisch nationalistischer Geschichtsklitterung. Vielmehr spiegelt dieser Mythos ebenso jenes übergreifende Bemühen des späten 18. und frühen 19. Jahrhunderts wider, Geschichte als einen ewigen Kampf der Völker und Rassen zu deuten, der sich über Jahrhunderte erstreckte. Als mit der napoleonischen Besetzung einige Jahre der tatsächlichen Fremdbeherrschung durch ein ‹romanisches› Volk einsetzten, gewann dieses Bild vom Befreiungskampf der Deutschen, der jetzt endlich wieder zum realen Ausbruch komme und 1813 auch erfolgreich war, sprunghaft an Plausibilität.

Es geht hier nicht darum, die verschiedenen Nationalgeschichten und frühen Formen des Nationalismus allesamt über den Leisten des Rassendenkens oder gar des Rassismus zu schlagen. Vielmehr dienen diese Verweise dazu, die wesentlichen Kontexte und Medien zu verdeutlichen, durch die das rassentheoretische Denken in der Moderne transportiert, entfaltet und reproduziert wurde. Denn nur vor diesem Hintergrund werden die tatsächlichen Ausprägungen des modernen Rassismus in ihrer erstaunlichen und fatalen Wirkungsmacht verstehbar. Wo immer moderne Gemeinwesen sich jenseits der täglichen politischen Willensbildung zu verewigen suchten, standen das seit dem 18. Jahrhundert immer schon mittransportierte Panorama der Rassengeschichte und der Mythos des Rassenkampfs bereit, um das geschichtliche Selbstbild plausibel zu machen und zu rationalisieren. Welche ungeheure Dynamik diese Ideen entwikkeln konnten, als sie in bestimmten Konstellationen zu politischen Leitbegriffen wurden, läßt sich daher erst begreifen, wenn man mitbedenkt, welche an sich keineswegs notwendig ‹rassistischen› Hoffnungen und Projektionen mit den Ideen der Rassengeschichte und des Rassenkampfes einhergingen.

‹Rasse› zwischen Geschichte und Biologie

Was den Rassenbegriff für Philosophen wie Voltaire oder Kant ebenso faszinierend machte wie für diejenigen, die an der Naturgeschichte im engeren Sinne interessiert waren, wie etwa Johann Friedrich Blumenbach oder Christoph Meiners, das war sein Versprechen, eine natürliche, und das hieß vor allem: von den Lehren der Kirche unabhängige Ordnung der Welt und der in ihr lebenden Menschen zu erschließen und beschreibbar zu machen. Anfänglich war das vor allem für die Systematiker unter den Naturphilosophen relevant, die mit viel Aufwand immer ausgefeiltere Modelle und Nomenklaturen der Menschheit und ihrer verschiedenen Untergruppen entwarfen. Darunter hat man sich nicht nur simple Aufteilungen in weiße, schwarze, gelbe und rote Rassen oder willkürliche Hierarchien der Höher- und Minderwertigkeit vorzustellen. Vielmehr bot sich der Rassenbegriff aufgrund seiner multiplen Bedeutung an, klimatisch-geographische, historisch-politische und natürlich-körperliche Aspekte miteinander zu verbinden und aus ihrer Verschränkung die Eigenschaften der Rassen auch rational zu erklären.

Dabei waren diese Systematiken zugleich Medien der rassentheoretischen Selbstzelebrierung. In unzähligen geographischen Berechnungen, körperlichen Vermessungen und historischen Darstellungen wurden die weißen Europäer als die ästhetisch wie moralisch allen anderen überlegene Rasse präsentiert. Wesentlicher Bezugspunkt dieses normativen Gefälles in den meisten aufgeklärten Rassentheorien aber war der Stolz auf die eigene Erkenntnisleistung und erst in zweiter Linie der Anspruch auf Beherrschung der weniger entwickelten Rassen. An der Existenz einer Natur-Ordnung, innerhalb derer die europäischen Rassen an der Spitze standen, zweifelte niemand. An der Frage des sich daraus ergebenden Umgangs mit den außereuropäischen Völkern aber, etwa mit Blick auf die Sklaverei, schieden sich die Geister. Doch wichtiger als die Auseinandersetzung darüber war den meisten Wissenschaftlern die möglichst umfassende Sammlung, Sichtung und Systematisierung rassengeschichtlicher Befunde und Belege, insofern das Hauptziel der Wissenschaft in dieser Epoche – als Reflex des Universalismus – ein enzyklopädisch vollständiges Weltwissen war.

Dem entsprach im 18. Jahrhundert auch eine neue Form der Expansion, die jetzt nicht mehr primär der Eroberung und Beschaffung von Ressourcen, sondern wissenschaftlichen Zwekken diente. Besonders die Erschließung des ökonomisch und politisch für die Europäer im Grunde wertlosen pazifischen Raums wurde zum heute noch präsenten Sinnbild der reinen Entdeckungsfahrt im Dienste der Menschheit und ihres Wissens. Berühmtester Repräsentant dieser wissenschaftlichen Entdeckungsfahrten in der Epoche der Aufklärung war James Cook. Er und andere Forschungsreisende waren explizit aufgefordert, nicht nur neue Routen zu finden und die unendlichen Weiten der Weltmeere zu vermessen, sondern ebenso detaillierte Berichte über das Aussehen, die Sitten und Eigenschaften der Eingeborenen zu verfassen, denen man begegnete. Der französische Entdecker Bougainville hatte schon 1770 diesen ethnographischen Auftrag so ernst genommen, daß er einen Bewohner

Tahitis gleich mit nach Paris nahm, wo er dem fachkundigen und interessierten Publikum vorgeführt und in den Pariser Salons herumgereicht wurde.

Der Rassenbegriff hatte in diesem Kontext vor allem zwei Funktionen: Für die Entdecker selbst war er vor allem eine Kategorie der Charakterbeschreibung, wenn es um die wichtige Frage nach der generellen Freundlichkeit oder Feindseligkeit einer neuentdeckten Inselgruppe ging. Erst die Wissenschaftler und Ethnographen in Europa machten daraus in einem zweiten Schritt systematische Darstellungen der globalen Verteilung von Rassen und Rassenmerkmalen. Auch wenn hier ebenfalls die natürliche Überlegenheit der Europäer wie selbstverständlich vorausgesetzt wurde, läßt sich den Entdeckern dieser Epoche ein aufgeschlossenes und ehrliches Interesse an den pazifischen Kulturen, meist getragen von der stereotypen Vorstellung einer quasi-paradiesischen Unschuld dieser ‹Naturvölker›, nicht absprechen. Der langjährige Präsident der berühmten Londoner *Royal Society* etwa, Sir Joseph Banks, der Cook auf seiner ersten Reise nach Tahiti begleitet hatte und später andere berühmte Expeditionen organisierte, setzte sogar seinen bürgerlichen Ruf aufs Spiel, als er die Bewohner Tahitis nicht nur in den höchsten Tönen lobte, sondern freimütig und kaum verschlüsselt seine sexuellen Beziehungen zu ihnen beschrieb.

Von einem rassistischen Denken im engeren Sinne, das auf Beherrschung oder Verdrängung der ‹minderwertigen Rassen› abzielt und Rassenmischung kategorisch ausschließt, kann hier also kaum die Rede sein. Dennoch führte der Kontakt zu den Einheimischen auch dieser paradiesischen Inselwelt regelmäßig zu Gewalt, Strafexpeditionen und Massenvernichtung, sobald sie sich in einer Weise verhielten, die nicht mehr exakt der stereotypen Projektion der Europäer entsprach. Doch erst im Laufe des 19. Jahrhunderts erfuhren diese gewalttätigen Praktiken gegen die außereuropäischen Völker eine dezidiert rassistische Begründung, bis der Rassismus schließlich, in der Phase des Hochimperialismus, selber zu einem Motiv kolonialer Unterwerfung wurde.

Im 18. Jahrhundert aber hatte der Rassenbegriff außerhalb

der Geschichtsschreibung einen primär wissenschaftlichen und nur sekundär einen politisch-ideologischen Gehalt. Doch findet man in dieser Zeit bezeichnenderweise kaum ernsthafte Versuche seiner genauen Bestimmung. Er war eine Leerformel, die beliebig mit körperlichen oder auch kulturellen, mit geographischen oder geschichtlichen Aspekten gefüllt werden konnte, die man alle als «Rassenmerkmale» betrachtete und zu einem Panorama der verschiedenen menschlichen Rassen zusammensetzte. Einer der ersten, dem diese Begriffsverwirrung auffiel, war Immanuel Kant.

In einem frühen Text zur Rassenfrage hatte er noch den französischen Klimatheoretikern beigepflichtet, welche die verschiedenen Rassenmerkmale auf Umwelteinflüsse zurückführten. Das implizierte einerseits die universalistische Vorstellung einer Urrasse, aus der sich alle gegenwärtigen Rassenunterschiede durch Wanderung in andere Klimazonen entwickelt hätten, andererseits die Annahme einer harmonischen Entsprechung von Körperbau und Umwelt. In einem späteren, nachkritischen (also nach seiner «Kritik der reinen Vernunft» verfaßten) Text verwarf Kant die Klimatheorie wieder und postulierte, daß als Rassenmerkmale im strengen Sinne nur diejenigen gelten können, die sich umweltunabhängig vererben. Damit trug er der schlichten Tatsache Rechnung, daß sich bestimmte körperliche Eigenschaften auch beim dauerhaften Wechsel in eine andere klimatische Umwelt in der Tat über Generationen weitervererben. Ausgerechnet dieser Text ist Kant später wegen seines angeblichen Plädoyers für die Ungleichheit der Menschen als rassistische Entgleisung ausgelegt worden. Dabei war es vor allem der Versuch, die engen Grenzen des Rassenbegriffs aufzuzeigen, ihn überhaupt einmal zu definieren und vor seiner irrationalen Ausweitung zu warnen.

Kant war nicht der einzige Gelehrte, der bemerkte, daß der Rassenbegriff um so unschärfer wurde, je breiter man ihn anwendete. Auch die Naturforscher im engeren Sinne verwendeten ihn in ihren Beschreibungen der prinzipiellen Entwicklungsmechanismen des Lebens immer weniger. Die Harmonie von natürlicher und historischer Welt, die ein Paradigma der Frühaufklärung gewesen war und die der Rassenbegriff perfekt zu bedienen schien, löste sich zunehmend auf. Die universale Geltung der Gesetze der Natur wurde immer deutlicher, die Existenz ähnlicher Gesetze in der Geschichte aber zunehmend unwahrscheinlich. Die Folge war, daß der Rassenbegriff von den Naturforschern nur noch marginal verwendet wurde. Um so mehr wurde er jetzt, um ein Stück naturwissenschaftlicher Plausibilität angereichert, wieder zu einem zentralen Begriff der Geschichtsschreibung, insbesondere im französischen und angloamerikanischen Sprachraum.

In Deutschland dagegen war ‹Rasse› sowohl in der Geschichtsschreibung als auch in der Naturforschung zu Beginn des 19. Jahrhunderts ein eher selten gebrauchtes Konzept. Bei Herder taucht es noch relativ häufig auf, doch schon bei Alexander von Humboldt, als klassischer Forschungsreisender eigentlich prädestiniert, an den Jargon seiner berühmten Vorgänger anzuschließen, spielte er kaum eine Rolle. Ursache dafür war zum einen die spezifisch deutsche Reaktion auf die Ideen von 1789, aus der sich nicht zuletzt der deutsche Historismus als ein Weltverständnis herausbildete, das sich dezidiert gegen Gesetzmäßigkeiten, Berechenbarkeit und naturwissenschaftliche Deutung der Geschichte wandte und statt dessen die Individualität, Offenheit und auch ‹Gemachtheit› der Geschichte betonte. Zum anderen fehlte eine eigene Revolutionserfahrung und damit genau jenes Medium, das in England, Frankreich oder Amerika eine Geschichtsdeutung nach Maßgabe der Vorstellung vom ewigen Rassenkampf plausibel erscheinen ließ.

Erst als der Historismus ab der Mitte des 19. Jahrhunderts selber begann, Völker und Stämme zu den eigentlichen Individualitäten und Subjekten seiner Geschichtsschreibung zu machen und zugleich, spätestens mit Marx und Engels, die immer brisanter werdende soziale Frage in Kategorien eines Klassenkampfs gedacht wurde, kam es auch in Deutschland zu einer neuen Rezeption des Rassenkonzepts und der Idee des Rassenkampfs. Im Vergleich aber war Deutschland, was die Verbreitung des Rassendenkens angeht, eine verspätete Nation. Wirklich populär wurde es hierzulande erst nach der Reichsgründung von 1871, im Gefolge der Rezeption des Darwinismus und im Kontext einer neuen deutschen Weltpolitik. Zu diesem Zeitpunkt aber war der Rassenbegriff schon längst ein gänzlich anderer als der, den die Naturgeschichte der Aufklärungsepoche entworfen hatte.

VI. Das 19. Jahrhundert und der Evolutionismus

Seit der Aufklärung stand der Rassenbegriff unter dem Vorbehalt der ungeklärten Frage, ob er nun ein Phänomen der Natur oder der Geschichte bezeichne. Entweder waren Rassenunterschiede überhaupt keine natürlichen Merkmale, sondern erst durch Umwelteinflüsse, im Prinzip also durch Geschichte entstanden, oder das Rassische beschränkte sich – wie Kant es postuliert hatte – auf jene wenigen äußerlichen Körpermerkmale, die ganz oder anteilig vererbt wurden. Weder das eine noch das andere aber stellte die Gelehrten des frühen 19. Jahrhunderts zufrieden.

Die Einheit von Natur und Geschichte, die der Rassenbegriff und die ihn zunächst tragende Klimatheorie des 18. Jahrhunderts versprochen hatten, war nicht mehr herzustellen, blieb aber weiter das idealistische Fernziel. Bis zur Entschlüsselung der Vererbungsmechanismen durch die Genetik wurde im 19. Jahrhundert immer wieder versucht, die historische und die natürliche ‹Entwicklung› mittels des weiterhin unscharfen, aber so vielversprechenden Rassenbegriffs miteinander zu versöhnen. Daher entstammen gerade dieser Ära jene vielfältigen Vorstellungen und Denkfiguren, die wir bis heute mit dem Rassendenken und dem Rassismus in Verbindung bringen. Sie alle zeichneten sich dadurch aus, entgegen der rapide fortschreitenden Ausdifferenzierung der wissenschaftlichen Disziplinen ebenso wie der Gesellschaft insgesamt, das Weltgeschehen nach Maßgabe einer grundlegenderen und tieferen Form kollektiver Ordnung zu deuten und dann auch praktisch gestalten zu wollen.

Gerade vor dem Hintergrund der im 18. Jahrhundert formulierten politischen Ansprüche des Universalismus, der Freiheit, Volkssouveränität und rechtlichen Gleichheit stand die Frage kollektiver Zugehörigkeit ganz oben auf der politischen Tagesordnung. Wer zum Volk im politischen Sinne oder zur Menschheit im allgemeinen gehören und wer an den neuen Herrschaftsgebilden partizipieren, die Rechte der Freiheit und Gleichheit beanspruchen durfte – das waren Fragen, die zwar einige der neuen Verfassungen inzwischen grob regelten, als prinzipielle Fragen aber offenblieben und weiterhin einer begründeten Antwort harrten. Hergebrachte Begründungen von Zugehörigkeit wie Tradition oder religiöser Glaube waren zwar keineswegs über Nacht verschwunden, hatten aber entschieden an Legitimität und unmittelbarer Überzeugungskraft verloren. Ebenso gab es weiterhin Standes-, Völker- und Stammesgrenzen, nach denen die Menschen sich richteten. Doch auch sie wurden sukzessiv von neuen Formen etwa der ökonomischen und politischen Vergemeinschaftung (Klassen, Nationen) überformt. Hinzu kamen Probleme der Zugehörigkeit, die bis dahin kaum thematisiert worden waren, wie etwa der im Horizont der Menschenrechte artikulierte Partizipationsanspruch von Frauen oder der nun deutlich illegitim erscheinende Status von Sklaven.

In diesem Kontext zeichnete sich der Rassenbegriff gegenüber anderen, sozialen oder politischen Konzepten von Zugehörigkeit vor allem dadurch aus, daß er mit höchstem Anspruch auf Objektivität und Eindeutigkeit auftrat, faktisch aber das unschärfste und mehrdeutigste aller Zugehörigkeitskriterien darstellte. Eine Staatsangehörigkeit zu besitzen, eine bestimmte Sprache zu sprechen, einer bestimmten Einkommensklasse anzugehören oder sich einer bestimmten Tradition oder einer bestimmten Geschichte verpflichtet zu fühlen – all das sind keineswegs objektiv eindeutige, doch immerhin benennbare und relativ klar unterscheidende Kriterien von Zugehörigkeit. In gewisser Weise ist Zugehörigkeit sogar um so eindeutiger, je willkürlicher sie erfunden wird, wie sich an den erfolgreichsten Formen moderner Zugehörigkeit, Nation und Nationalstaat, unschwer erkennen läßt: Daß heute Deutsche und Österreicher in zwei verschiedenen Nationalstaaten, Preußen und Bayern aber in einem Nationalstaat leben, wurde in Kriegen und Konflikten, Bindungen und Bündnissen handelnd entschieden – diesseits oder jenseits davon aber gibt es keinen weiteren Grund für diesen uns heute fast natürlich vorkommenden Zustand.

Mit der ‹Rasse› aber verhält es sich genau umgekehrt: sie rekurriert von vornherein auf angeblich naturgegebene, nicht erfindbare Merkmale und Grundlagen, ist in ihrer Bestimmung von Zugehörigkeit deshalb aber um so uneindeutiger, unklarer und beliebiger. Im Gegensatz zur politisch-willkürlichen Setzung einer Grenze hat der Verweis auf angeblich ‹natürliche› Grenzen regelmäßig den Effekt, statt Eindeutigkeit Vieldeutigkeit zu produzieren und im Medium scheinbar harter Fakten ein äußerst weites und hochgradig flexibles Feld *möglicher* Zugehörigkeiten zu entwerfen. Denn je mehr sich rassenpolitische Ordnungsvisionen auf eine angebliche Natur berufen, desto weniger sind sie an die politisch gesetzten Formen der Zugehörigkeit gebunden. Insofern spiegelt der Rassenbegriff die verzweifelte Suche des 19. Jahrhunderts nach einer vorgängigen Begründung kollektiver Identität im Zeitalter ihrer zunehmenden und mit Unsicherheit einhergehenden Wählbarkeit.

Darin liegt eine wesentliche Ursache für die Attraktivität des Rassenkonzepts in der Moderne. Es versprach eine verläßliche, objektive Begründung von Zugehörigkeit, gerade ohne auf vormoderne Vergemeinschaftungsformen zurückgreifen zu müssen. Denn sein wesentlicher Referenzrahmen, die Natur, war ebenfalls schon lange keine gegebene, gottgewollte und unveränderliche Schöpfung mehr. Vielmehr war sie schon in der Renaissance und erst recht seit der Aufklärung zu einem Gegenstand der rationalen Erkenntnis und der wissenschaftlichen Erforschung geworden. Zwar galt die Natur als bestimmt von dauernden und berechenbaren Gesetzen, doch vor allem als ein weitgehend noch unbekannter und zu großen Teilen erst zu entdeckender Raum. Die konkreten Wege ihrer Erforschung wiederum und damit die Formen des Wissens über diese Natur orientierten sich an den rational-menschlichen Maßstäben der technologischen Anwendbarkeit, der ökonomischen Nutzbarkeit oder bisweilen auch der politisch-ideologischen Verwertbarkeit. Wenn das Rassenkonzept und der moderne Rassismus sich also auf die Natur beriefen, so bezogen sie sich nie auf die Natur an sich, sondern grundsätzlich auf ein sicher zunehmendes, ebenso aber auch stets wandelbares Wissen *von* der Natur. Der Objektivitätsanspruch rassentheoretischer Begründungen von Integration oder Ausgrenzung wurde dadurch keineswegs geschmälert, stand aber unter dem ständigen Vorbehalt möglicher Wissensinnovation. In diesem Sinne war die Natur auch und gerade für die Rassentheorie und den Rassismus ein laufend zu aktualisierendes Konstrukt.

Diese Zusammenhänge wurden im Laufe des 19. Jahrhunderts um so relevanter, je mehr die Natur auch außerhalb der Rassentheorie ihren Status als konstante und gegebene Welt verlor und seit dem Ende des 18. Jahrhunderts zunehmend als veränderbar gedacht wurde. Dieser radikale Bruch mit der über Jahrhunderte tradierten Annahme einer Konstanz der natürlichen Welt trug mit seinen eigenen politisch-ideologischen Konsequenzen wohl am meisten dazu bei, den Rassenbegriff in beiden ‹Kulturen› wirksam werden zu lassen – in der naturwissenschaftlichen ebenso wie in der historisch-politischen.

Von der Naturgeschichte zur Entwicklungstheorie

Die Idee, daß auch die Natur eine Geschichte haben könnte, war nicht Fortsetzung des Paradigmas der ‹Naturgeschichte›, sondern leitete sein unwiderrufliches Ende ein. In der Naturgeschichte war jeder Wandel als natürlicher Mechanismus gedacht worden: vorgesehen und prinzipiell berechenbar. In der Evolutionsidee dagegen hatte der Wandel selbst eine den Gesamtprozeß gestaltende, in ihn eingreifende Funktion, was die Vorhersagbarkeit mindestens schwierig machte. Der Umbruch von einem zum anderen vollzog sich daher auch nicht schlagartig, sondern erstreckte sich vom ausgehenden 18. bis zur zweiten Hälfte des 19. Jahrhunderts.

Diese allmähliche Herausbildung des Evolutionsgedankens wird verständlich, wenn man bedenkt, daß die Vorstellung einer

Veränderbarkeit der Arten und Rassen, die unausgesprochen immer auch schon den Menschen selbst betraf, nicht nur dem mechanistischen Harmoniebedürfnis der Aufklärung, sondern auch den Schöpfungslehren der christlichen Kirche (ebenso wie jeder anderen Religion) diametral entgegenstand. Sie war eine in jeder Hinsicht unerhörte Idee, die sich einer bestimmten historischen Konstellation verdankte, in der ein neues Verständnis von Geschichte nun auch die bis dahin feste und unveränderliche Natur zu tangieren begann.

Hatte man im Rahmen der Naturgeschichte eine ‹Entwicklung› in der Natur noch als die allmähliche Entfaltung eines vorherbestimmten Plans verstanden, so formulierte am Ende des 18. Jahrhunderts der französische Biologe Jean-Baptiste Lamarck eine Evolutionstheorie, die einen Schritt weiterging. Neben einem ursprünglichen Schöpfungsplan ging er zum erstenmal davon aus, daß sich die Arten auch laufend dadurch verändern, daß sie sich ihrer Umwelt anpassen. Die scheinbare Harmonie zwischen der körperlichen Ausstattung der Rassen und ihrem jeweiligen Lebensraum war schon den Aufklärern als ein wesentliches Merkmal der Natur aufgefallen. Lamarck postulierte jetzt, daß die Körperformen direkt von der jeweiligen Umwelt geformt werden, indem individuell erworbene Eigenschaften sich an die jeweils nächste Generation vererben. Obwohl damit ein wesentlicher Bruch mit den Mechanismen der Schöpfungs- ebenso wie der klassischen Naturgeschichte vollzogen war, blieb auch Lamarck noch dem Harmoniedenken der Aufklärung verhaftet. Denn im Grunde war seine Theorie nur die Systematisierung jener schon um die Mitte des 18. Jahrhunderts formulierten Anschauung, daß etwa die Afrikaner deshalb schwarz seien, weil die Sonne sie verbrannt habe und dies langfristig auch Europäern passieren würde, sollten sie sich über mehrere Generationen dort ansiedeln.

Dennoch war mit Lamarck die Grundidee eines Wandels in der Natur nicht mehr zu ignorieren und griff rasch auch auf andere Bereiche der Naturwissenschaft über. Thomas Malthus etwa untersuchte die Zusammenhänge von Populationen, ihrer Reproduktion und dem jeweiligen Nahrungsangebot, stellte bestimmte Regeln in ihrem langfristigen Verhältnis fest und begründete so die moderne Bevölkerungswissenschaft. Charles Lyell untersuchte die Struktur von Gesteinsschichten, brachte sie mit frühgeschichtlichen Ablagerungsprozessen in Verbindung und begründete so die moderne Geologie. Kurz: in allen naturwissenschaftlichen Feldern hielten Zeit und zeitlicher Wandel als eine bis dahin kaum beachtete Dimension der Natur Einzug, die eine umfassende Erklärung der Welt ohne Rückgriff auf göttliche Pläne ermöglichte.

Den entscheidenden Schritt zur modernen Evolutionstheorie aber machte Charles Darwin. Er hatte die Schriften von Malthus, Lamarck, Lyell und einigen anderen längst gelesen, als er 1832 die Gelegenheit erhielt, an einer zweijährigen Weltumseglung teilzunehmen und in den entlegendsten Erdteilen biologische Daten zu sammeln. Das Resultat, das Darwin erst über zwei Jahrzehnte nach seiner Reise 1859 an die Öffentlichkeit zu bringen wagte, war eine Evolutionstheorie völlig neuen Typs. Denn sie griff weder auf die Idee einer Schöpfung noch auf naturgeschichtliche Harmoniemodelle zurück, um eine vollständige Erklärung des so perfekt scheinenden Evolutionsprozesses zu liefern. Vor allem aber bedurfte sie nicht mehr der menschlichen Geschichte als Vorbild, um Zeitlichkeit in der Natur zu berücksichtigen. Darwins Form der Verzeitlichung der Natur war zugleich eine Enthistorisierung. Sein ‹Kampf ums Dasein› war ein Faktor, der zwar Zeit benötigt, aber selbst nicht zeitlich ist.

Darwin beschrieb einen jederzeit wirksamen operativen Vorgang, der die Balance zwischen den Arten und ihrer Umwelt durch ein tägliches *trial-and-error*-Spiel aufrechterhält: die natürliche Selektion. Das in diesem Vorgang antreibende und die Evolution als Veränderungsprozeß überhaupt erst anstoßende Moment war etwas, mit dem die Aufklärer niemals zu rechnen gewagt hätten: der Zufall. Er produziert ständig Veränderungen, die dann unmittelbar dem ebenso ständig wirksamen Selektionsdruck im alltäglichen Daseinskampf ausgesetzt werden. Die meisten dieser neuen Merkmale verschwinden mit ihren individuellen Trägern sofort wieder, weil sie ohne oder von negativem Einfluß auf deren Überlebenschancen in einer gegebenen Umwelt sind. Falls sie dem Individuum in dieser Umwelt zufällig aber einen Vorteil im Überlebenskampf bringen, hat dieses auch eine höhere Chance, sich und damit das neue Merkmal zu reproduzieren. Langfristig entsteht so eine neue Art.

Diese Theorie der Evolution hatte nichts mehr mit der göttlichen Schöpfung, mit den naturphilosophischen Modellen der Aufklärung oder mit Geschichte zu tun. Im Kern war sie nur noch ein Wahrscheinlichkeitsmodell, wenn auch verpackt in einer martialischen Metaphorik des Überlebenskampfs, der Auslese und der angeblichen Durchsetzung des Stärkeren. Letzteres sollte zu einem Mißverständnis beitragen, das den Darwinismus als Weltanschauung lange prägte und noch heute in populären Darstellungen anzutreffen ist: Die Darwinschen Metaphern beim Wort nehmend, ging man davon aus, daß, erstens, immer und überall die Stärkeren überleben und daß sich, zweitens, die Arten und Rassen ihrer Umwelt anpassen, damit sie überleben. Beide Aussagen sind falsch, insofern sie die Kausalität in Darwins Theorie umkehren. Tatsächlich überleben nicht die Stärkeren, sondern sie erweisen sich erst als stärker, ‹fitter› und besser angepaßt, insofern sie überleben; ebenso wie sich nicht die Arten anpassen, sondern durch genau den gleichen anonymen Selektionsdruck erst angepaßt werden, sich also allein deshalb als angepaßt herausstellen, weil sie das Glück hatten, nicht auszusterben. Diese Zufallsmechanik in Darwins Theorie paßte wenig in den Zeitgeist des 19. Jahrhunderts, der immer noch auf übergreifende und anwendbare Regelmechanismen der Natur und ihrer Entwicklung hoffte. Darwin aber hatte Elemente in das naturwissenschaftliche Weltverständnis eingeführt, die mit solchen leicht zu kontrollierenden Regeln und Gesetzen nichts mehr gemein hatten.

Entsprechend verwundert es nicht, daß die Geschichte der Rezeption Darwins über weite Strecken eine Geschichte der Ergänzung seiner Theorie war, ihrer nachträglichen Ausstattung mit Aspekten, die ihre Verwendbarkeit im Sinne einer kontrollierten technischen Umsetzung erlaubten – nicht zuletzt mit Blick auf die Evolution der menschlichen Rassen und Gesellschaften. Dabei war die Übertragung der Darwinschen Thesen von der Natur auf soziale Zusammenhänge das geringste Problem, insofern Darwin sich schon selber der Sprache der frühen Gesellschaftstheorie bedient hatte, um seine Befunde zu umschreiben. Zudem verstand sich die frühe Soziologie seit Auguste Comte sowieso als eine Naturwissenschaft der Gesellschaft, so daß ihre Vertreter wie selbstverständlich von der Relevanz der Thesen Darwins für ihren Bereich ausgingen.

Auf diese Weise verbreitete sich die Sprache des Darwinismus mit ihren typischen Formeln und metaphorischen Denkfiguren sehr viel rascher und weiter als der eigentliche Gehalt seiner Theorie. Selbst als ab den 1880er Jahren durch die Arbeiten des deutschen Biologen August Weismann deutlich wurde, daß im Darwinschen Modell eine direkte Berechenbarkeit und Kontrolle des Evolutionsprozesses ausgeschlossen war, blieb der Wunsch nach seiner Manipulation ungebrochen – ganz im Sinne eines deterministischen Denkens, das mit dem Aufspüren anonymer Gesetzmäßigkeiten immer zugleich nach dem Schlüssel ihrer technischen Anwendung sucht.

Zu Beginn des 20. Jahrhunderts standen sich schließlich zwei scheinbar gegensätzliche, eigentlich aber komplementäre Konzepte der möglichen Kontrolle und Manipulation des Evolutionsprozesses gegenüber: die Zucht im Sinne einer Erziehung zu gewünschten Naturformen durch bestimmte Umwelteinflüsse und die Züchtung im Sinne einer Auslese der gewünschten und Eliminierung unerwünschter Eigenschaften. Zugleich identifizierte die moderne Genetik einen neuen, Darwin noch völlig unbekannten molekularen Ort der Evolution. All das aber änderte nichts an der eigentlichen Entdeckung Darwins und seiner Vorgänger, daß nämlich die Arten und Rassen alles andere als ewige, unveränderbare oder auch nur stabile Einheiten sind, sondern sich in genau dem Maße ständig verändern und zugleich miteinander verwandt bleiben, in dem sie einen ewigen Erhaltungskampf gegeneinander führen. Von diesen grundlegenden Thesen des Evolutionismus wurde außerhalb der Biologie kein anderes Phänomen mehr beeinflußt als der Rassismus.

Rassenkampf, Rassenmischung, Rassenerzeugung

Die erste Hälfte des 19. Jahrhunderts bis zur Veröffentlichung der Darwinschen Theorie 1859 war die Epoche der wohl breitesten und vielfältigsten Verwendung des Rassenbegriffs. Historiker und Politiker, Geographen und Ethnologen, Reisende und Journalisten, Reformer und Reaktionäre, Physiologen und Anatomen, Ärzte und Biologen, Forschungsreisende und Kolonialoffiziere, Gesellschaftstheoretiker und Philosophen forschten, reflektierten und schrieben in unterschiedlichster Absicht über Rassen, Rassenmerkmale und Rassenentwicklung. Dabei bezog sich der Begriff keineswegs nur auf jene großen Menschenrassen unterschiedlicher Hautfarbe, die von den Aufklärern bevorzugt zur Aufteilung des Menschengeschlechts benannt worden waren. Vielmehr konnte Rasse ebenso als Bezeichnung einer individuellen Ausprägung von Eigenschaften, einer männlichen oder weiblichen Wesensart, eines Familienverbands, einer Nationalität, einer regionalen Kultur, einer sozialen Schicht oder sogar einer Berufsgruppe sein.

Genauso vielfältig waren die Verschränkungen dieser Bedeutungsfelder. So wurden die neuen sozialen Lebensformen in den ebenso schnell wachsenden wie verelendenden Arbeiterquartieren in London oder Liverpool von Sozialreformern und sozial engagierten Gelehrten in den gleichen rassentheoretischen Kategorien beschrieben wie Ethnologen sie zur Darstellung der kolonisierten Völker gebrauchten. Dies hing auch damit zusammen, daß der Rassenbegriff um so mehr als soziale Kategorie zur Verfügung stand, je mehr ihn Biologie und Medizin für eine Weile hinter sich ließen. Aus Sicht einer jüngeren Generation von Naturforschern und Ärzten gehörte der Rassenbegriff zu einem veralteten, idealistischen und eher naturphilosophischen als naturwissenschaftlichen Weltbild. Um so größer aber wurde seine Bedeutung als eine Kategorie zur Beschreibung der ‹Natur› von Geschichte und Gesellschaft.

Bereits 1813, und dann noch einmal 1843, betonte der englische Arzt James C. Prichard in einem mehrbändigen Werk zur physischen Geschichte des Menschen die grundsätzliche Einheit der menschlichen Gattung und schrieb die Ausprägung verschiedener Rassetypen weniger natürlichen Ursachen als den unterschiedlichen Zivilisierungsprozessen zu. Auch wenn er damit rückblickend als einer der Begründer einer nicht-biologistischen Völkerkunde gelten kann, war der Rassenbegriff immer schon zu sehr von der Vermischung biologischer und nicht-biologischer Semantiken geprägt, als daß eine solche Stellungnahme die weitgehende Biologisierung der Ethnologie in der zweiten Hälfte des 19. Jahrhunderts hätte aufhalten können. Wissenschaftsgeschichtlich gesehen, begründeten solche Konzepte vielmehr die später so vehement postulierte kulturelle und zivilisatorische Bedeutung der Rassenbiologie. Ein weiterer Bereich, in dem der Rassenbegriff natürliche und soziokulturelle Merkmale miteinander verband, war die zeitweise ungemein populäre Phrenologie, die Lehre von der Bedeutung der Kopfformen und Hirnregionen. In einer Kombination von Rassentheorie, Psychologie und Physiognomie reichte auch hier die Bedeutung des Rassenbegriffs von globalen Großtypen bis hinunter zu individuellen Mentalitäten.

Am beliebtesten aber war der Rassenbegriff, vor allem in England und Frankreich, nach wie vor in der Geschichtsschreibung und besonders in solchen übergreifenden Darstellungen, die in eher populärer als wissenschaftlicher Absicht geschichtliche Panoramen der langfristigen Entwicklung einzelner Völker, der europäischen oder globalen Kulturen entwarfen. Im Zentrum dieser Schriften stand nach wie vor die Idee des Rassenkampfs, der langfristigen, blutigen Auseinandersetzung zwischen kulturell wie physisch getrennten Bevölkerungssegmenten als dem wesentlichen Motor der Geschichte.

Um die Mitte des 19. Jahrhunderts gewann dann ein weiteres Motiv in dem an sich schon breiten Feld des Rassendenkens an Bedeutung und nahm rasch eine zentrale, wenn auch höchst ambivalente Stellung ein: die Rassenmischung. Darin spiegelte sich nicht nur ein weiteres intellektuelles oder ideologisches Interesse der Rassentheoretiker. Vielmehr war die Thematisierung von Rassenmischung auch Reflex sehr realer Verhältnisse. Die koloniale Expansion der europäischen Mächte hatte inzwischen solche Ausmaße angenommen, daß sie begann, sich in eine dauerhafte imperiale Weltordnung einschließlich ihrer globalisierenden Effekte zu verwandeln. Längst hielten sich in Europa und Nordamerika mehr Menschen mit «Migrationshintergrund» auf als jemals zuvor seit dem Ausgang der Antike. Zudem hatte in manchen Gegenden, wie etwa auf den Westindischen Inseln, eine ‹Rassenmischung› bereits über viele Generationen hinweg stattgefunden, und sie wurde auch in vielen anderen Kolonien zu einer nicht mehr ignorierbaren Tatsache. Aber auch jenseits des Rassenkontakts im engeren, sexuellen Sinne waren globaler Kulturaustausch und weltweite Migration inzwischen eine unübersehbare Dimension des alltäglichen Lebens zumindest in den urbanen Räumen des 19. Jahrhunderts.

Dieser Konstellation wurde ein besonderes rassenkundliches Werk gerecht, das in vier Bänden 1852–54 in Paris erschien und eine neue, international sehr rasch Einfluß gewinnende Theorie über das Verhältnis zwischen den Rassen und ihrer Entwicklung aufstellte: Arthur Gobineaus *Versuch über die Ungleichheit der Menschenrassen*. Anders als der Titel suggeriert, war das Leitmotiv dieser universal angelegten Rassengeschichte weniger die Ungleichheit als die Mischung der Rassen. In dieser Mischung sah Gobineau sowohl den Motor allen Fortschritts als auch die Ursache allen Kulturverfalls in der Geschichte. Als strikter Anhänger der monogenetischen These eines einzigen Ursprungs der gesamten Menschheit begann die Geschichte für ihn mit der geographischen Ausbreitung und Ausdifferenzierung der Menschheit in Zivilisationen, Reiche und Rassen. Je mehr einer Rasse die Unterscheidung von anderen gelinge, desto höher sei ihr Fortschritt und ihre Zivilisation. Insofern damit aber der Drang nach Eroberung, von Gobineau «Attraktion» genannt, den Drang nach Exklusivität, von Gobineau «Repulsion» genannt, ablöse, vermische sich diese erfolgreiche Rasse wieder mit fremden, weniger ausdifferenzierten Rassen, und ihr langfristiger Untergang sei besiegelt.

In seiner Zyklik war dieses Modell noch ganz einem vormodernen Geschichts- und Naturverständnis verpflichtet und hatte kaum etwas mit der zeitgenössisch bereits viel diskutierten Evolutionsidee gemein. Doch in seiner Erklärung der Rassenmischung zum einzigen Mechanismus von Entwicklung überhaupt führte Gobineau die seit der Aufklärung zunehmend getrennten Vorstellungswelten der Geschichte und der Biologie wieder zusammen. Für ihn waren Rassen und Völker nur in dem Maße Subjekte der Geschichte, als sie Träger bestimmter rassischer Eigenschaften waren, deren Mischung überhaupt erst eine Entwicklung in zunächst positiver (Eroberung) und dann negativer Weise (Degeneration) in Gang setze. Damit erklärte er den Kampf zwischen Bevölkerungen und deren biologisch-sexuelle Reproduktion zu den einzig wirksamen Determinanten der Geschichte.

Wegen dieser fast völligen Fusion von Geschichte und Biologie zu einem übergreifenden und ewig gültigen Bewegungsgesetz – und weniger wegen seiner Ungleichheitsdoktrin, die schon viele vor ihm formuliert hatten – kann Gobineau in der Tat als einer der wichtigsten Begründer des modernen Rassismus gelten. Das sollte sich auch in seiner Rezeption bestätigen, die an internationaler Breite andere, durchaus ähnliche Theorien weit übertraf. Kaum eine rassistische Ideologie oder Praxis zwischen der Mitte des 19. und der Mitte des 20. Jahrhunderts, ob in kolonialen, antisemitischen oder totalitären Kontexten, versäumte es, sich in den Rationalisierungshorizont der Gobineauschen Rassentheorie zu stellen. In dieser Rezeptionsgeschichte galt Gobineau als derjenige, der beim Blick auf Zivilisationen und Kulturen im Grunde zu den gleichen Schlußfolgerungen gekommen sei wie nur etwas später Darwin beim Blick auf die Naturformen: daß nämlich das Leben am Ende immer nur ein Überleben im Kampf um die Reproduktion der eigenen Art sei.

In der zweiten Hälfte des 19. Jahrhunderts wurde die Idee eines solchen ewigen Rassenkampfs um so populärer, je mehr er sich im Konkurrenzkampf der Nationen und Imperialmächte untereinander, in ihrem gemeinsamen Kampf gegen die kolonisierten Völker und schließlich auch in dem zu manifestieren schien, was Karl Marx und Friedrich Engels, in bewußter Anlehnung an Thierry und andere Rassenhistoriker, den Klassenkampf nannten. Nun gibt es in der Marxschen Klassentheorie kein der

Gobineauschen Rassenmischung äquivalentes Konzept der Klassenmischung. Dort aber, wo die zunehmend brisant werdende soziale Frage im 19. Jahrhundert nicht allein nach Maßgabe der Marxschen Theorie, aber dennoch als drängendstes Problem der Zeit behandelt wurde, dauerte es in der Tat nicht lange, bis das Spiel von Kampf und Vermischung, das Gobineau zur Geschichtsformel und Darwin zur Naturformel erklärt hatte, auch als Lebensmechanik der Gesellschaft entdeckt und unter expliziter Verwendung des Rassenbegriffs beschrieben wurde.

So hatte das erste Buch, das 1883 den Begriff der ‹Soziologie› vom französischen in den deutschen Sprachraum einführte, den bezeichnenden Titel *Der Rassenkampf: Soziologische Untersuchungen.* Es stammte von dem nach Graz ausgewanderten polnischen Gelehrten Ludwig Gumplowicz und war der Versuch, den Rassenkampf als ein allgemeines, die nationalen, ethnischen und eben auch sozialen Konflikte und Entwicklungen bestimmendes Prinzip zu beschreiben. Rassenzugehörigkeit wurde hier zu einem Begriff für kollektive Zugehörigkeit überhaupt und bezeichnete deren naturhafte und zugleich dynamisch-kämpferische Gesetzmäßigkeit, der sich niemand entziehen könne. Genau diese Verwandlung des Konzepts der Rasse von einem vielfältig einteilenden Klassifikationsbegriff zum Namen für ein anonymes Entwicklungsprinzip, auf das sich jede Form sozialen Handelns zurückführen ließ und das der gesamten politisch-geschichtlichen Welt als ihr Naturprinzip zugrunde liege, war ein entscheidender Schritt in der Geschichte des Rassendenkens am Ende des 19. Jahrhunderts, den neben Gumplowicz auch viele andere Rassentheoretiker vollzogen. Er wurde dem evolutionistischen Paradigma ebenso gerecht wie den hergebrachten Konnotationen des Rassenbegriffs. Er machte die Rassentheorie zu einer jenseits parteipolitischer Differenzen verwertbaren Weltanschauung, die sich an den Imperialismus, den Nationalismus oder den Antisemitismus ebenso anschließen ließ wie an den Sozialismus, den Liberalismus oder den Konservatismus.

Wo immer man im ausgehenden 19. Jahrhundert auf rassentheoretische Überlegungen stößt, wird man diese Auffassung vom Rassenkampf als einem übergreifend gültigen Prinzip jeder

Art von Gesellschaftsentwicklung formuliert finden; und zwar als ein Prinzip, das sowohl im welthistorischen Maßstab die Geschicke der Völker und Nationen lenkt, als auch im Innern der Gesellschaften, vom Klassenkonflikt bis hinunter zur individuellen Familiengründung das Leben bestimmt. Die welthistorischen und übergreifenden Dimensionen des Rassenkampfs wurden in Werken wie etwa denjenigen Herbert Spencers verbreitet, der um 1900 der weltweit wohl einflußreichste Philosoph und Rassentheoretiker war. Den konkret-praktischen Implikationen dieser Auffassung widmete sich am Ende des Jahrhunderts dann vor allem die neue Wissenschaft der Eugenik, die nach Möglichkeiten zu suchen begann, in den sozialen Naturprozeß einzugreifen, ihn zu steuern und ihm eine gewünschte Richtung zu geben.

Mit diesem Schritt zur Eugenik wurden die alte Idee des Rassenkampfs und das zentrale Thema der Rassenmischung um ein drittes Motiv ergänzt, das den Rassendiskurs insgesamt wie auch die ihn begleitenden Praktiken ins Totalitäre wenden sollte: die Vorstellung einer künstlichen Rassenerzeugung. Je mehr die Rasse als ein Ausdruck der Naturgrundlagen von Geschichte und Gesellschaft gedacht wurde, desto mehr wurde das rassentheoretische Wissen über diese Natur zum Instrument ihrer Manipulation im Namen einer Gesellschaftspolitik, die sich direkt auf das biologische Leben der Bevölkerung richtete. Wie sehr dieser Gedanke, Rassen technisch herstellen zu können, die Menschen nicht erst in den ausgebildeten totalitären Systemen des 20. Jahrhunderts, sondern schon vorher faszinierte, wird an der Erfolgsgeschichte der Eugenik oder auch an Werken wie Houston Stewart Chamberlains ungemein populären «Grundlagen des 19. Jahrhunderts» deutlich, die explizit solche Programme der «Rassenerzeugung» mit Hilfe aller zur Verfügung stehenden sozialen, politischen, kulturellen und biologischen Eingriffsmöglichkeiten entwarfen.

Die praktischen Folgen dieser neuen Idee eines manipulativen Eingriffs in den Rassenkampf zeigten sich vor allem seit Beginn des 20. Jahrhunderts in zunehmend gewalttätiger Form. Für das 19. Jahrhundert aber war entscheidend, daß aus dem Rassenbegriff weniger eine erkennbare und in sich geschlossene Ideologie namens Rassismus wurde, als vielmehr ein zunehmend abstraktes und andere politische Ideologien häufig überformendes Prinzip, das in der Lage war, jede Frage nach Zugehörigkeit, Ausgrenzung oder Konflikt auf die angeblich naturhaften Gesetzmäßigkeiten von Zugehörigkeit, Ausgrenzung und Konflikt zurückzuführen. Durch genau diese Kombination von angeblich objektiver Grundlage, aber willkürlicher Verwendungsmöglichkeit paßte der Rassenbegriff zu den komplexer werdenden Sozialformationen des 19. Jahrhunderts wie der ideologische Schlüssel ins ordnungspolitische Schloß.

VII. Formen rassistischer Praxis im 19. Jahrhundert

Als Gobineau um die Mitte des 19. Jahrhunderts die Rassenmischung für den Aufstieg wie für den Verfall von Zivilisationen verantwortlich machte, sprach er damit eine verbreitete Annahme aus, hinter der mehrere Erfahrungen standen. Je mehr der Imperialismus seinem Höhepunkt zustrebte, desto deutlicher wurden auch seine globalisierenden Effekte und desto vielfältiger die Räume der Vermischung von europäischen und außereuropäischen Kulturen. Darüber hinaus hing das Motiv der Rassenmischung aber auch noch mit einem anderen Thema zusammen, das im 19. Jahrhundert so viel Faszination auslöste, wie es zugleich politische Sorgen bereitete: das Thema der Sexualität.

Von einer zunehmend strengeren bürgerlichen Moral und viktorianischen Ethik geächtet, wurde die Sexualität im 19. Jahrhundert zugleich zu einem zentralen Gegenstand ganzer Wissenschaften, Rechtssysteme und staatlicher Institutionen: von der Pädagogik bis zur Polizei, von neuen Sittengesetzen bis zu der vor allem literarisch tradierten Unterscheidung zwischen Vernunft- oder Liebesehe, und von Ratgebern zur Partnerwahl bis zu Ersatzinstitutionen der kontrollierten körperlichen Ertüchtigung. In all diesen Kontexten war die Sexualität Gravitationszentrum umfassender Bemühungen ihrer Steuerung. Die aus Sicht der christlichen wie der bürgerlichen Moral einzig legitime Sexualität war diejenige, die der Reproduktion diente.

Entsprechend war das 19. Jahrhundert keineswegs eine Epoche der allgemeinen Unterdrückung von Sexualität. Vielmehr ging es um die Ausschaltung ihrer angeblich nutzlosen Formen und um die Förderung und Steuerung der gewünschten, reproduktiven Sexualität – und zwar im Namen der gesunden Fortentwicklung des Gesellschaftsganzen. Auf individueller Ebene sollte die Körperlichkeit der einzelnen diszipliniert, auf kollektiver Ebene die Reproduktion der Bevölkerung reguliert werden. Je mehr daher Rassenmischung – wie bei Gobineau – biologisch gedacht wurde, desto enger verband sich dieses Thema mit dem der Sexualität und desto mehr war die übergreifende Rassenentwicklung immer auch eine Sache des Verhaltens der einzelnen. Die Sexualität war der Transmissionsriemen zwischen individuellem Verhalten und kollektiver Entwicklung und genau deshalb ein so argwöhnisch wie fasziniert beäugtes Thema des 19. Jahrhunderts.

Ein drittes Feld schließlich, auf dem sich die Rassenmischung im 19. Jahrhundert als ein zunehmend unübersehbares Merkmal moderner Verhältnisse erwies, war die selber jetzt unter massiven Legitimationsdruck geratende Sklaverei. In den Gebieten, in denen sie seit längerem systematisch betrieben wurde, hatten sich inzwischen relativ große Mischbevölkerungen gebildet. Die zunehmende Kritik an der Sklaverei im 19. Jahrhundert verwies daher nicht nur auf die Menschenrechte und das politische Gleichheitsgebot der Aufklärung, sondern ebensooft auf diese Zunahme angeblich unnatürlicher Rassenmischung. Von den meisten europäischen Mächten war die Sklaverei bereits 1815 auf dem Wiener Kongreß offiziell geächtet und für illegal erklärt worden. Das änderte aber nichts daran, daß sie im afrikanisch-arabischen Raum sowie in Nord- und Südamerika weiter betrieben wurde und auch Europäer sich bis ins späte 19. Jahrhundert am Sklavenhandel beteiligten und bereicherten. Ingesamt aber hatten es die Befürworter der Sklaverei zunehmend schwer, eine

Institution zu verteidigen, die in fast allen ihren Aspekten im krassen Gegensatz zu den politischen und normativen Grundauffassungen der Moderne stand. Denn sie widersprach nicht nur den Menschenrechten, sondern erschien den meisten überhaupt als ein Überbleibsel aus vergangener, vormoderner Zeit. Dieser Vorwurf betraf weniger den Umgang mit afrikanischen Menschen als das Selbstverständnis der Sklavenhalter, die sich aufgrund ihres besonderen Systems der ‹Leibeigenschaft› in der Tat als letzte Bewahrer feudal-aristokratischer Lebensart sahen.

Von hier aus wird verständlich, warum die Sklaverei im 19. Jahrhundert einerseits die offensichtlichste Form rassistischer Praxis darstellte, sie andererseits aber kaum mit Hilfe des modernen, wissenschaftlichen Rassismus verteidigt und legitimiert wurde. Vielmehr erhielten biologistische Argumente in der Diskriminierung von Schwarzen erst eine Bedeutung, als es die Sklaverei als etablierte Institution nicht mehr gab. Das wird besonders in Amerika deutlich, wo die Plantagenbesitzer der Südstaaten vor 1861 die Kritik an der Sklaverei als ehrverletzende Beleidigung betrachteten und in ihrer Verteidigung sehr viel häufiger einen vormodernen Paternalismus der Fürsorge statt biologisch-rassentheoretische Argumente ins Feld führten. Als aber nach dem Bürgerkrieg viele befreite Sklaven in die Städte des Nordens zogen, begann man dort fast unmittelbar mit wissenschaftlichen Untersuchungen etwa zur Frage, ob das Gehirn afrikanischer Menschen überhaupt für Bildung und Beschäftigungen jenseits der Landarbeit geeignet sei. Und auch im Süden übernahmen nun reaktionäre Bewegungen wie der Ku-Klux-Klan, in denen sich ehemalige Sklavenhalter und -aufseher zusammenfanden, rassentheoretische Argumente zur Begründung des Untermenschentums der Schwarzen und praktizierten um so gewalttätigere Formen der alltäglichen Unterdrückung, Einschüchterung und Lynchjustiz.

Ebenfalls erst in die Zeit nach der Befreiung der Sklaven fielen dann auch die ersten expliziten Verbote der Rassenmischung und des sexuellen Verkehrs zwischen Schwarzen und Weißen. War der sexuelle Kontakt mit Sklavinnen für die Sklavenhalter bis dahin allenfalls ein Kavaliersdelikt, so wurden nun, unter

Umkehrung der Geschlechterordnung, interrassische Beziehungen vor allem mit Blick auf das Sexualverhalten schwarzer Männer unter strengste Strafe gestellt. In diesem Kontext wurde auch jene berüchtigte ‹Ein-Tropfen-Regel› (*One-Drop-Rule*) zur Feststellung rassischer Zugehörigkeit aufgestellt, die in den Gerichten der amerikanischen Südstaaten noch bis in die 1970er Jahre gültig war. Danach galt als schwarz, wer auch nur einen Tropfen ‹schwarzen Bluts› in sich trug, praktisch also nur einen schwarzen Vorfahren innerhalb der letzten fünf Generationen aufwies. Auf diesem Wege wurde jede Art von Mischrasse zumindest juristisch für nicht existent erklärt. Es gab nur reine Weiße – oder Schwarze. Eine umgekehrte Anwendung der *One-Drop-Rule* auf die Bestimmung der Frage, wer juristisch als Weißer zählen soll, war natürlich ausgeschlossen. Denn sie hätte bedeutet, den Anteil der weißen Bevölkerung etwa in einem über Jahrhunderte von der Sklaverei geprägten Staat wie Haiti auf sicher 90 Prozent schätzen zu müssen.

Nationalismus und Kolonialismus

So wie in Amerika das Rassenkonzept im späten 19. Jahrhundert dazu beitrug, einer komplexer werdenden Nation und Gesellschaft zumindest noch eine Vision ihrer klaren Ordnung und ein Zugehörigkeitsverständnis jenseits der formal-politischen Staatsangehörigkeit zu verschaffen, so hatte das Rassendenken generell einen im Laufe des 19. Jahrhunderts rasant zunehmenden Einfluß auf die Formen des nationalen Selbstbildes. Rückblickend wird dabei aber oft übersehen, daß der Rassenbegriff keineswegs erst dann im Nationalismus eine Rolle zu spielen begann, wenn es darum ging, bestimmte Gruppen aus der nationalen Gemeinschaft auszuschließen oder ihre Beherrschung durch die eigene Nation zu legitimieren. Am Anfang stand vielmehr meist die Selbstwahrnehmung der eigenen Nation als Rasse. Rassistische Aggressionen gegen angebliche innere und äußere Feinde der Nation waren die Folge eines entpolitisierten, ethnisierten und biologisierten Verständnisses dieser Nation selbst – und nicht umgekehrt.

Eben darin unterscheidet sich der neuzeitlich-moderne Rassenbegriff von den mittelalterlichen oder antiken Formen kollektiver Ausgrenzung und Anfeindung: trotz aller Postulate angeblich natürlicher Höher- oder Minderwertigkeit formuliert der moderne Rassenbegriff die Unterscheidung zwischen Eigenem und Anderem zunächst radikal symmetrisch. Rasse ist – je biologischer sie gedacht wird um so mehr – formal eine egalisierende Kategorie. Das erste Postulat des modernen Rassendenkens lautet, daß jeder, ohne Ausnahme, von Natur aus einer Rasse angehört. Es ist gerade diese vorgängige Symmetrie und Gleichheit, die den Anderen, den Feind, völlig unabhängig von seinem konkreten Handeln aus Sicht des Rassismus zu einer unmittelbaren, biologischen Konkurrenz, Gefahr und Bedrohung macht. Die Verteilung von Höher- und Minderwertigkeit, für deren Festschreibung der Rassismus vordergründig steht, ist im rassistischen Denken selbst immer erst Resultat einer rassengeschichtlich oder evolutionär gedachten Entwicklung. Eine klare Unterscheidung von Zugehörigkeit und Nicht-Zugehörigkeit, die als natürlich gelten sollte, war im evolutionistischen Rassismus nur als Ergebnis eines aktiv zu führenden Kampfes denkbar.

Demgegenüber kann eine Nation, die als politische Gemeinschaft gedacht wird, zwar von einem aggressiven und fremdenfeindlichen Nationalismus begleitet werden, doch wird über Zugehörigkeit und Nichtzugehörigkeit immer noch politisch, d. h. willentlich entschieden und ist diese Entscheidung zugleich die zweckrationale Grenze der nationalistischen Agitation. Im Rahmen eines Verständnisses der Nation als Rassengemeinschaft aber, wie es in vielen Ländern Europas im Laufe des 19. Jahrhunderts dominant wurde, hört die nichtzugehörige, ausgeschlossene Gruppe niemals auf, eine Bedrohung zu sein. Ihre schiere Existenz als fremde Rasse oder als lebender Teil der Bevölkerung stellt um so mehr eine Gefahr dar, je mehr auch die eigene Nation als eine lebendige Bevölkerung betrachtet wird, die für ihr Überleben des Schutzes vor Überfremdung bedarf. Und selbst eine Rasse, die keineswegs Teil der eigenen Bevölkerung zu sein scheint, vielmehr Tausende von Kilometern entfernt in einem fremden Erdteil lebt, stellt spätestens in dem Augenblick eine Bedrohung der eigenen Nation dar, wenn diese selbst als eine Rasse gedacht wird, deren Lebensraum innerhalb der gegebenen politischen Grenzen zu klein erscheint und angeblich nur durch Expansion überleben kann. Hier wie dort stellen die Fremden im Horizont des Rassendenkens immer schon und von Natur aus eine Gefahr und Bedrohung dar – so harmlos und hilflos sie faktisch auch sein mögen.

Die Nation, dem lateinischen Ursprung des Wortes entsprechend, als eine Abstammungsgemeinschaft zu verstehen, ist als Idee sehr viel älter als das 19. Jahrhundert. Häufig wird behauptet, daß schon ihre deutsche Übersetzung als ‹Volk› dazu beigetragen habe, ein ethnisches an die Stelle eines staatspolitischen Verständnisses der Nation zu setzen. Doch war ‹Volk› tatsächlich die deutsche Übersetzung des französischen und englischen *nation* im Sinne des griechischen *demos*. Diese Bedeutung behielt der Begriff ‹Volk› auch bis ins frühe 20. Jahrhundert bei, als sich die Semantik von ‹Nation› im deutschen Sprachgebrauch schon längst derjenigen von ‹Rasse› angenähert hatte und jetzt primär die vorgängige Gemeinsamkeit und vor-politische Gemeinschaft der vielen einzelnen bezeichnete, die erst nachträglich eine politische Staatsform erhalte. Nicht das ‹Volk› also war die verdinglichte Form der Nation, sondern die Bevölkerung oder eben: die Rasse.

In der sogenannten völkischen Bewegung im deutschen Kaiserreich und auch im späteren Sprachgebrauch der Nationalsozialisten stand zwar der Volksbegriff im Vordergrund der politischen Rhetorik, doch hatte sich da der semantische Wandel schon längst vollzogen und waren Nation, Volk und Rasse eben deshalb austauschbar, weil sie alle nichts anderes als die Bevölkerung meinten: jenen lebenden, atmenden, sich reproduzierenden und eben deshalb ständig gefährdeten und zu schützenden Kollektivkörper diesseits aller politischen Institutionen und jenseits aller kurzfristigen Willensentscheidungen. Auch in den anderen europäischen Sprachen war die Nation, im 18. Jahrhundert noch Bezeichnung des neuen politischen Souveräns, spätestens am Ende des 19. Jahrhunderts meist nur noch gleichbedeutend mit einer artverwandten Bevölkerung, die in bestimmter Weise lebt, arbeitet und sich reproduziert oder auch Krieg führt, erobert und sich im Kampf mit anderen zu behaupten sucht. Als dezidiert politischer Begriff erlebte die Nation erst in den antikolonialen Bewegungen seit Beginn des 20. Jahrhunderts und mit Woodrow Wilsons Versuch der Wiedereinführung des Prinzips der nationalen Selbstbestimmung 1919 eine Renaissance. Das 19. Jahrhundert dagegen war zwar eine Epoche wichtiger Nationalbewegungen und Nationalstaatsgründungen, doch zugleich eine Epoche der umfassenden Umdeutung der politischen Nation in etwas anderes, Vorpolitisches, Naturhaftes und am Ende sogar technisch Herstellbares. Zumal in Deutschland war es ein Jahrhundert des ideologischen Nationalismus und weniger des nationalstaatlichen Prinzips.

Daß auch unter ganz anderen Bedingungen rassistische Umdeutungen der Nation erfolgreich sein konnten, zeigt das Beispiel der Einwanderungsgesellschaft Amerika. Schon in den 1830er Jahren regten sich, bei völliger Abwesenheit irgendeiner Art von Einwanderungsbeschränkung, Stimmen, die sich gegen die Zuwanderung etwa von katholischen Iren mit dem Argument wehrten, dieser Volksstamm passe nicht zum natürlichen Wesen der amerikanischen Bevölkerung. Bis zum Ende des Jahrhunderts verschärfte sich diese nationalistische Rhetorik zu dezidiert rassentheoretisch und eugenisch begründeten Rufen nach einem radikalen Stop der Einwanderung, der sich vor allem gegen süd- und osteuropäische sowie häufig auch gegen jüdische Einwanderer richtete. Dennoch konnten selbst diese um 1900 massiv angefeindeten Einwanderergruppen immer noch auf andere verweisen, die in der amerikanischen Rassenhierarchie weiterhin unter ihnen standen: zum einen die Schwarzen, die sich nach ihrer Befreiung von der Sklaverei mit einer um so schärferen Segregations- und Ausgrenzungspolitik konfrontiert sahen, und zum anderen die ursprünglichen Bewohner und Besitzer des Landes, deren letzte Widerstände in den genozidalen Indianerkriegen der 1860er bis 1880er Jahre endgültig gebrochen wurden.

So wie die Amerikaner sich gegenüber den neuen Einwanderern eine ganz bestimmte ‹Natur› ihrer Nation erfanden und sich statt als Vereinigte Staaten phasenweise vorrangig als eine «anglo-saxon race» wahrnahmen, so sahen sich auch viele Engländer und Franzosen in ähnlicher Weise, aber aus einem anderen Grund dazu aufgefordert, ihrer Nation einen substantiellen, rassenhaften Charakter anzudichten. War es in Amerika die Einwanderung, so war es im englischen und französischen Fall (ebenso wie in den Niederlanden, Spanien und Portugal) die je eigene Imperialpolitik, die im 19. Jahrhundert begann, zu einer zunehmend komplexeren Vernetzung der Metropolen und kolonialen Peripherien zu führen und auf diese Weise hergebrachte Zugehörigkeitsordnungen in Frage zu stellen. Die darauf reagierende Ethnisierung des kollektiven Selbstbildes mit dem Effekt einer zunehmend rassistischen Politik gegenüber den Kolonisierten schien um so mehr Sinn zu machen, je mehr das Expansionsstreben selber schon längst im Medium rassentheoretisch begründeter Ideen der natürlichen Überlegenheit und daraus abgeleiteter Zivilisierungsaufträge gerechtfertigt wurde.

Auf Dauer mußte beides aufrechterhalten und gesichert werden: die weitere globale Ausdehnung des jeweiligen nationalen Machtbereichs und die gleichzeitig strikte Beschränkung von Zugehörigkeit auf den engen Kreis der eigenen ursprünglichen Nation. Kein Begriff war besser geeignet, diesen fundamentalen Widerspruch zwischen Nationalstaat und Imperium zu kaschieren, als der Rassenbegriff. Er unterlegte die Machtverhältnisse mit einem subnationalen Panorama der Rassenhierarchie, in dessen Rahmen es zur Natur der kolonisierenden Nationen gehörte zu herrschen, und zur Natur der Kolonisierten, beherrscht zu werden. Entscheidend aber ist, daß es hier nicht mehr ausschließlich um die Rechtfertigung von Expansion und Unterdrückung an sich ging, sondern die Inanspruchnahme des Rassenkonzepts den Effekt hatte, auch der eigenen Nation den Status einer im natürlichen Kampf ums Überleben befindlichen Rasse zu verleihen.

Einmal in diesem Denken gefangen, war die Identifikation von Rassenfeinden und Rassengefahren keineswegs mehr auf den außereuropäischen Raum beschränkt, sondern konnte sich auch innerhalb Europas gegen feindliche Nationen oder auch innerhalb der Nation gegen feindliche ‹Rassenelemente› richten. Das wurde vor allem gegen Ende des 19. Jahrhunderts deutlich, als die europäischen Nationalismen gegeneinander ebenso wie innenpolitisch eine zunehmend aggressive, rassistische und fremdenfeindliche Form annahmen. Im Ersten Weltkrieg entlud sich die jahrzehntelange Einübung dieses transnational gültigen Selbstbilds von der ‹Nation im Rassenkampf› in Form einer politischen Rhetorik, in der sich die Kriegsgegner gegenseitig darin überboten, ihre Feinde als Barbaren, Untermenschen und universale Schädlinge hinzustellen.

Auch in Deutschland nahm der Nationalismus genau in dem Augenblick fast sprunghaft radikale und rassistische Formen an, in dem das Reich sich nach einigem Zögern, dann aber um so vehementer der kolonialen Expansionspolitik verschrieb. Schon vor der Reichs- und Nationalstaatsgründung von 1871 hatte das rassentheoretische Konzept der «Germanen» dazu gedient, eine unterhalb aller gegebenen Staatsgrenzen liegende Zusammengehörigkeit der Deutschen zu begründen und einen, auch Österreich einschließenden großdeutschen Staat zu fordern. Nach 1871 diente es innerhalb des neuen, jetzt allerdings kleindeutschen Staatsgebildes dazu, der programmatisch geforderten «inneren Nationsbildung» eine Orientierung zu geben. Als dann 1884 Deutschland seine ersten Kolonien ‹erwarb›, stand der gleiche Rassenmythos zur Verfügung, um jetzt wieder weit jenseits der Nationalstaatsgrenzen deutsche Erde für deutsches Volk zu verlangen – und sei es am Fuße des Kilimandscharo.

Wenn auch unter je unterschiedlichen Bedingungen übernahm das Rassenkonzept in allen Nationalismen die Aufgabe, die verschiedenen Ansprüche von Expansion und Integration, von Ausdehnung und Schließung zu versöhnen. Es war genau deshalb dazu in der Lage, weil ‹Rasse› als eine vorpolitische, biologische Bevölkerung gedacht wurde und eben keine festen Grenzen hatte. Sie war spätestens seit ihrer evolutionistischen Bestimmung eine fließende und tendentiell willkürliche Form der Zugehörigkeit, die als naturhaft gegeben, unverwechselbar und unaufhebbar gedacht wurde, ihre eigentliche Bedeutung aber grundsätzlich unterhalb aller konkreten Regelungen entfaltete. Ab der zweiten Hälfte des 19. Jahrhunderts hatte rassische Zugehörigkeit einen immer beliebiger verschiebbaren Horizont, für den nationale Grenzen bestenfalls kurzfristige Hürden darstellten.

Einschneidende Folgen hatte dies in der Phase des Hochimperialismus nicht zuletzt für die Kolonisierten in den Übersee-Besitzungen der zunehmend miteinander konkurrierenden europäischen Großmächte. Statt um bloße Hoheitsgebiete, Handelszonen und strategische Stützpunkte ging es nun um bitter umkämpfte Territorien sowie um die dort lebenden Bevölkerungen. Waren diese lange nur als potentielle Sklaven, als leicht zu betrügende Handelspartner oder schlicht als Teil der exotischen Natur wahrgenommen worden, wurden sie mit der Dynamisierung des Imperialismus am Ende des 19. Jahrhunderts selber eine Art machtpolitischer Rohstoff.

Als Arbeitskräfte in Industrie oder Landwirtschaft, die auch dort *de facto* den Status von Sklaven hatten, wo man die Sklaverei offiziell empört ablehnte; als Stämme, deren Loyalität oder zumindest Stillhalten man mit obskuren Schutzverträgen zu erkaufen suchte, um sie dann als Verhandlungsmasse im diplomatischen Spiel der Großmächte einzusetzen; als Soldaten und Kanonenfutter in den ständigen Kleinkriegen des kolonialen Raums; und schließlich als alltägliche und angesichts der beginnenden Widerstände täglich wachsende Bedrohung der europäischen Autorität, die der vorsorgenden Kontrolle bedurfte – in all diesen Formen wurden die Kolonisierten nun zum Objekt eines immer rigoroser ausgelegten Zivilisierungsauftrags. Er kam vor allem in dem Bemühen zum Ausdruck, die einzelnen zu disziplinieren und das Leben der Bevölkerungen insgesamt so effizient wie möglich zu regulieren. Dazu wiederum gehörte ein ‹Wissen› über diese fremden Völker, das die Rassentheorie und die evolutionistisch-rassentheoretische Ethnographie der Zeit bereitwillig produzierte. Die Lücken und Fehlurteile dieses Wissens wurden in der Regel durch den Einsatz massiver und rücksichtsloser Gewalt kompensiert. Diese rechtfertigte man wiederum damit, daß die Eingeborenen, angeblich verführt durch konkurrierende Imperialmächte, von dem abwichen, was die Rassentheorie ihnen als ihre natürlichen Verhaltensmuster zuschrieb. Die Kolonialliteratur – von Expeditionsberichten, Reportagen und Zeitschriften bis zu den fiktionalen Erzählungen – ist voll von Geschichten über diesen Widerspruch zwischen rassentheoretischen Voranahmen und kolonialer Realität, dessen Lösung meist darin bestand, die Realität der Theorie mit Gewalt anzupassen.

Darin spiegelt sich ein genereller Funktionswandel des Rassismus im kolonialen Kontext des späten 19. Jahrhunderts. Als bloße Rechtfertigung imperialer Expansion wurde er langsam nebensächlich. Doch im verschärft umkämpften Kolonialraum selber übernahm er stattdessen zunehmend praktische Funktionen. Er lieferte ein Wissen über das Wesen der Kolonisierten wie der Kolonisatoren, aus dem sich eine prinzipielle Gleichheit auf der Ebene des universalen Kampfes aller Rassen ums Überleben ebenso ergab wie die Überzeugung von der natürlichen Überlegenheit der Kolonialherren und ihres Zivilisierungsauftrags. Aus beiden Momenten ergab sich als logische Konsequenz die strikte Notwendigkeit, die kolonialen Machtverhältnisse mit allen Mitteln aufrechtzuerhalten. Wurden diese Machtverhältnisse auch nur ansatzweise in Frage gestellt oder gar durch Revolten direkt bedroht, ging es in rassistischer Perspektive keineswegs mehr nur um bloße Restabilisierung, sondern um den Ausbruch eines rohen Rassenkampfs um Leben und Tod. Genau so rechtfertigte etwa der deutsche General Lothar von Trotha seinen genozidalen Feldzug gegen die Herero und Nama in Südwestafrika, als diese sich 1904 gegen die deutsche Kolonialherrschaft auflehnten. Hier und in vielen anderen Kolonialkriegen verwandelte der Rassismus in der europäischen Wahrnehmung die konkreten Konflikte in biopolitische Existenzkämpfe, in denen der Mythos vom abendländischen Zivilisationsauftrag in den Mythos vom möglichen Untergang des Abendlandes umschlug.

Daß der Rassismus als eine solche Deutungsfolie kolonialer Konflikte immer bereitlag, dafür sorgte auch seine ständige Reproduktion in der Kolonialpropaganda. In den Debatten über

Rassenmischung oder über die ‹richtige› und ‹angemessene› Behandlung der Kolonisierten, die international geführt wurden, waren nur ganz vereinzelt Stimmen zu hören, die die Überzeugungskraft rassentheoretischer und sozialdarwinistischer Erklärungsmuster in Frage stellten. Von dieser allgemeinen Geltung rassentheoretischer Annahmen zeugt auch die Tatsache, daß selbst antikoloniale Bewegungen, wo sie von Gebildeten unterstützt und legitimiert, bisweilen auch erst angestoßen wurden, auf die Rhetorik von Rasse, Evolution und Zivilisierung zurückgriffen, um sie, teilweise durchaus erfolgreich, gegen die Kolonialherren zu wenden.

Hinzu kam, daß der Rassenbegriff auch innerhalb der europäisch-westlichen Gesellschaften, zum Teil in Reaktion auf ihre koloniale Expansion, immer größeren Einfluß gewann. In den letzten drei Jahrzehnten vor dem Ersten Weltkrieg waren Rassentheorie und Evolutionismus in der wissenschaftlichen und populärwissenschaftlichen Selbst- und Weltbeschreibung mindestens so verbreitet und akzeptiert wie historisch-politische oder kulturtheoretische Sichtweisen – und nicht selten eng mit diesen verwoben. Daher verwundert es nicht, daß auch innerhalb Europas jener Rassenkampf gesucht und rasch auch gefunden wurde, der in den Kolonialkriegen manifeste und zum Teil bereits völkervernichtende Züge angenommen hatte. Und wie schon vier Jahrhunderte zuvor, als der neuzeitliche Rassenbegriff in Spanien im Zuge einer politischen Neuordnung kultureller Unordnung überhaupt Gestalt annahm, so waren es auch jetzt die Juden, deren inzwischen weitgehend emanzipierter, aber deutlich partikularer Status sie zu einem bevorzugten Objekt rassistischer Ordnungsvisionen machte.

Rassistischer Antisemitismus

Der Begriff Antisemitismus wurde in den 1870er Jahren von deutschen Antisemiten geprägt – als Name einer Weltanschauung, die in der Unterscheidung und im Kampf zwischen dem «Arischen» und dem «Semitischen» die Grundlage jeder Kulturentwicklung sah. Die Wortschöpfung war ungeheuer erfolgreich und wanderte nicht nur rasch in die anderen europäischen Sprachen ein, sondern erfüllte auch ihren beabsichtigten Zweck, nämlich der hergebrachten Judenfeindschaft die völlig neue Form einer scheinbar systematischen Ideologie und Weltdeutung zu geben, die sich im Selbstverständnis ihrer Anhänger keineswegs in einer simplen Abneigung gegen die Juden erschöpfte. Antisemitismus war am Ausgang des 19. Jahrhunderts – nicht nur in Deutschland – ebenso ein Parteiprogramm wie eine Geschichtsphilosophie, ein politischer Standpunkt ebenso wie eine Natur- und Gesellschaftslehre. Er war ein zentrales Medium der Selbstverständigung in einer Zeit, als das Modell des souveränen Nationalstaats durch Expansion und Globalisierung einerseits und durch die zunehmende Dynamik innergesellschaftlicher Klassenkonflikte andererseits massiv unter Druck geriet und als tragfähiges Ordnungsmodell immer weniger plausibel schien.

Warum ausgerechnet das Judentum zum Dreh- und Angelpunkt nationaler Neuordnungsentwürfe wurde, ist schwer zu sagen, will man sich mit Verweisen auf die lange Tradition der Judenfeindschaft oder gar auf die Besonderheiten des Judentums nicht zufrieden geben. Denn die Integration der Juden in die europäischen Gesellschaften erreichte in der zweiten Hälfte des 19. Jahrhunderts ihren Höhepunkt, und auch in Deutschland war das Judentum ausgerechnet in der wilhelminischen Epoche gesellschaftlich integrierter als in jeder anderen Phase der deutschen Geschichte. Zugleich repräsentierte es aber gerade hier die einzig nennenswerte subkulturelle Gemeinschaft, die zumindest im großstädtischen Raum ebenso selbstverständlich als besondere Gruppe sichtbar war wie sie dazugehörte. An gerade diesem Status «etablierter Außenseiter» machten sich dann aber weite Teile der antisemitischen Propaganda fest, und das um so mehr, je deutlicher es eigentlich darum ging, der deutschen Nationalgemeinschaft eine natürliche Grundlage und einen neuen Sinn zu geben.

In gewisser Weise war das Judentum eigentlich der lebende Beweis dafür, daß beides möglich war: partikulare Besonderheit *und* die Partizipation an einem größeren Gemeinwesen. Aus rassentheoretischer Perspektive aber war genau das eine Ausnahme vom angenommenen Rassengesetz, daß ein echtes nationales Gemeinschaftsleben allein in homogener Reinheit möglich sei. Daraus resultierte ein doppelter Grund zur Anfeindung: das deutsche Judentum widersprach nicht nur einer rassisch rein gedachten deutschen Nation, sondern repräsentierte zugleich in seiner gesamten Existenz einen Widerspruch zur Rassentheorie selbst. Es stellte in dieser typisch antisemitischen Sichtweise, die sich vor allem im national gesinnten Bürgertum schnell verbreitete, ständig die Geltung der Rassengesetze als Basis und Medium der eigenen Identitätsbildung in Frage. Das Judentum war damit nicht bloß der Feind einer gedachten deutschen Rasse, sondern es war ebenso ein Feind des Rassismus als Lehre und Weltauslegung – und eben deshalb nahm es für die Antisemiten immer deutlicher die Züge einer fundamentalen Gegenrasse an. Der Berliner Historiker Heinrich von Treitschke war einer der ersten, die diesen neuen Antisemitismus zum Ausdruck brachten, als er 1879 in einem Text, der damals immerhin noch Proteste bei seinen Kollegen hervorrief, seine Judenfeindschaft nicht mehr durch Verweise darauf erläuterte, was die Juden von anderen Menschen unterscheide, sondern auf die abstrakte, identifikationslogische und im Prinzip schon totalitäre Formel brachte: «Die Juden sind unser Unglück.»

Obgleich es zu tatsächlichen Ausschreitungen und Pogromen gegen Juden im deutschen Kaiserreich sehr viel seltener kam als in den vorangegangenen Jahrzehnten (und Jahrhunderten), setzte sich dieser angenommene und rassentheoretisch hergeleitete Gegensatz zum Judentum als eine Art modische Weltdeutung in weiten Teilen des deutschen Bürgertums fest. Mit Recht hat man ihn rückblickend als einen übergreifend gültigen «kulturellen Code» vor allem bürgerlicher Selbstverständigung im Kaiserreich bezeichnet. Die Dreyfus-Affäre in Frankreich oder die europaweite Verbreitung der «Protokolle der Weisen von Zion» belegen zudem, daß der rassentheoretisch unterfütterte Antisemitismus als Medium bürgerlich-nationaler Selbstverständigung im ausgehenden 19. Jahrhundert nicht nur ein deutsches, sondern ein transnationales Phänomen war. Der Umgang mit den Juden wurde zum Kristallisationspunkt der Unsicherheiten und

Aggressionen von Gesellschaften, deren politische Ordnung von ihrer inneren Spannung und expansiven Dynamik zusehends überformt und überfordert wurde. Man suchte förmlich nach einer tief in der Gesellschaft und unterhalb aller ‹oberflächlichen› Politik liegenden Kraft, die dem Chaos natürwüchsig und von innen her wieder eine Ordnung verleihen würde – und fand sie im angeblich alles bestimmenden Rassenkampf zwischen dem «Arischen» und dem «Semitischen».

Der Radikalisierungsimpuls, den der Antisemitismus dadurch erfuhr, bestand darin, daß in seiner Projektion des unbedingten Kampfes gegen jenes abstrakt «Jüdische», zu dem er aufrief, die Juden selbst als konkretes Gegenüber schon nicht mehr vorkamen. Für die radikalen Antisemiten am Beginn des 20. Jahrhunderts waren die Juden selber nur noch ein störendes Element im Weltkampf gegen die jüdische und um die eigene Rasse. Es war nicht zuletzt dieser Abzug lebensweltlicher Erfahrung von dem, was der Rassismus als das ‹Judentum› zu bekämpfen suchte, der die deutschen und dann auch europäischen Juden drei Jahrzehnte später zum Objekt einer Vernichtungspolitik machen sollte, die von nicht wenigen Deutschen aktiv betrieben und von den allermeisten teilnahmslos hingenommen wurde. Der Anteil, den der Rassismus zu dieser Entwicklung leistete, bestand weniger darin, bestimmte Vorurteile oder Begründungen für den Haß zu liefern. Vielmehr verwandelte er in seinen radikalen Varianten das Judentum von einer konkreten Gemeinschaft, über deren Status eigentlich politisch zu entscheiden wäre, in ein zunehmend abstraktes und fundamentales Gegenprinzip, dessen reale, menschliche Vertreter nur mehr zu entsorgen waren.

Dieser Abstraktionseffekt, den der Rassismus im Feld antijüdischer Einstellungen hervorrief, zeigte sich um 1900 auch in vielen anderen Bereichen und hatte seinen Ursprung unter anderem in einem Wandel des wissenschaftlichen Denkens in dieser Zeit. Dennoch sollte alles, was im 19. Jahrhundert an rassistischen Konzepten erfunden, an Wissen produziert und an möglichen Praktiken sich gezeigt hatte, im 20. Jahrhundert in oftmals radikalisierter Form wiederkehren: Lamarck und Darwin, Gobineau und Spencer, Diskriminierung und Vertreibung, Sklavenarbeit und Völkermord. Hinzu kommt, daß sich an den im 19. Jahrhundert formulierten Grundauffassungen und Wissensbeständen über Rassen, wie sie sich entwickeln, wie man diese Entwicklung steuern kann und welche politische Bedeutung unser biologisches Leben hat, im 20. Jahrhundert wenig änderte. Gerade was diesen Zusammenhang von Leben und Politik angeht, arbeiten wir uns bis heute an dem ab, was uns das 19. Jahrhundert an Ideen und Vorstellungen hinterlassen hat.

VIII. Das 20. Jahrhundert und die Entfesselung der Biopolitik

Rassenkampf, Rassenmischung, Rassenerzeugung – das waren die drei großen Themen der Rassentheorie im 19. Jahrhundert. An seinem Ende schob sich die Rassenerzeugung als das beherrschende Thema in den Vordergrund. In die Vision der geplanten Herstellung neuer Menschen und neuer Völker wurde im 20. Jahrhundert ebensoviel geistige Energie investiert wie sie das Leben von Menschen und Völkern kostete. Die bis dahin meist nur theoretisch entworfenen Pläne zur Regulierung und Verschiebung, Züchtung und Vernichtung von Rassen wurden jetzt, unter den Bedingungen totalitärer Systeme und totaler Kriege, praktisch umgesetzt. Biologisches und politisches Leben, seit Beginn der Moderne immer wieder aufeinander bezogen, wurden endgültig kurzgeschlossen, was bis zur Mitte des 20. Jahrhunderts so massenhafte wie ungekannte Formen der kollektiven Zerstörung hervorbrachte. Doch aufgelöst hat sich der Nexus von Politik und Biologie in diesem Höhepunkt seiner Zerstörungskraft nicht. Auch in der zweiten Hälfte des Jahrhunderts spielten biopolitische Diskurse und rassistische Praktiken eine Rolle und kehrten nach der globalen Wende von 1989/90 sogar in Formen wieder, die man für endgültig überwunden gehalten hatte.

Zugleich ist das 20. Jahrhundert die Epoche, in der sich die moderne Wissenschaft am weitesten auf die Ideologie des Rassismus eingelassen, ihn zum Teil neu begründet und sich auch an seiner praktischen Umsetzung beteiligt hat. Das lag zum einen an einem neuen Selbstverständnis der Wissenschaftler selbst, die angesichts der technischen Realisierung, die viele ihrer Erkenntnisse bereits im 19. Jahrhundert erfahren hatten, sich am Beginn des 20. Jahrhunderts zunehmend als anwendungsorientierte Dienstleister der Technologie verstanden und zur umfassenden Weltverbesserung berufen fühlten. Andererseits lag es aber auch an der Politik, die sich etwa ab der Jahrhundertwende in fast allen modernen Staaten an einem quasiwissenschaftlichen Effizienz- und Rationalitätsideal orientierte. Ob in der Sozialpolitik, in der Finanz- und Wirtschaftspolitik, in der überwiegend immer noch imperialistischen Außenpolitik oder in der Gesellschafts- und Bevölkerungspolitik – überall vollzog sich eine mal mehr, mal weniger weitreichende Verwissenschaftlichung politischer Entscheidungsprozesse. Allgemein wurde sie als Rationalisierung wahrgenommen, unter der Hand aber höhlte sie den Raum des Politischen und der demokratischen Willensbildung aus.

Allein in dieser Verschränkung von Wissenschaft und Politik die Ursache für die Eskalation des Rassismus im 20. Jahrhundert zu sehen, ginge zu weit. Aber sie war ein wichtiger Faktor, denn sie schien die Verwirklichung politischer und ideologischer Visionen zu versprechen, die ansonsten vielleicht Visionen geblieben wären. Das tatsächlich antreibende Moment der Entwicklung aber waren diese Visionen selbst: die Visionen einer Rasse ohne Fremdkörper, einer Bevölkerung ohne Kranke, einer Volksgemeinschaft ohne Abweichung, eines Kolonialreichs ohne Kolonisierte oder einer Gesellschaft ohne Klassen. Jede dieser Visionen versuchte man im 20. Jahrhundert in der einen oder anderen Weise mit Hilfe eines Wissens zu realisieren, das Rassentheorie und Bevölkerungswissenschaft, Evolutionismus und Sozialbiologie bereitwillig produzierten. Ihre erste konzertierte Form fand dieses Wissen in der Eugenik, die am Ende des 19. Jahrhunderts als neues interdisziplinäres Forschungs- und Praxisfeld erfunden worden war und sich bis zum Zweiten

Weltkrieg zu einem dominanten Zweig der modernen Wissenschaft entwickelte.

Eugenik, Rassenkampf und die Eskalation der Gewalt

Von 1883, als Francis Galton den Begriff der Eugenik als Name einer neuen, angewandten Wissenschaft prägte, die sich der biologischen Verbesserung von Bevölkerungen widmen sollte, bis zum ersten Weltkongreß dieser neuen Disziplin dauerte es nicht mal drei Jahrzehnte. Als Eugeniker aus aller Welt 1912 in London zum ersten Mal gemeinsam ihre Wissenschaft der Öffentlichkeit präsentierten, gab es in sämtlichen Staaten Europas und Amerikas sowie in nicht wenigen unabhängigen wie kolonialen Regionen Asiens und Afrikas bereits eugenische Vereine oder Forschungseinrichtungen. Zentren der eugenischen Bewegung waren die USA, England, Deutschland und Skandinavien. Erklärtes Ziel der Eugenik war der Versuch, durch Eingriffe in das biologische und gesellschaftliche Leben die Verteilung erblicher Merkmale im kollektiven Reproduktionsprozeß von Bevölkerungen zu steuern. Dabei sollte zum einen die Reproduktion gewünschter Eigenschaften gefördert, andererseits die Reproduktion unerwünschter Eigenschaften verhindert werden. Für diese beiden Methoden haben sich die Bezeichnungen ‹positive› und ‹negative› Eugenik eingebürgert. Doch waren sie für jeden überzeugten Eugeniker nur zwei komplementäre Seiten der einen Vision, die menschliche Evolution kontrollierbar zu machen.

Auch die praktische Umsetzung eugenischer Maßnahmen erfolgte keineswegs erst in den totalitären Systemen des 20. Jahrhunderts, sondern in manchen Regionen schon weit vor dem ersten eugenischen Weltkongreß von 1912. In Deutschland und England etwa gab es bereits in den 1890er Jahren konkrete Projekte der gezielten Vermehrung und Züchtung rassisch als hochwertig angesehener Menschen durch Kollektiv-Experimente der geplanten, exklusiven Partnerwahl. Ebenfalls schon ab den 1890er Jahren gab es in den USA und Skandinavien die ersten Fortpflanzungsverbote und Zwangssterilisationen von sogenannten ‹Minderwertigen›, worunter man zunächst vor allem chronisch Kranke, Wiederholungsstraftäter sowie körperlich und geistig Behinderte verstand. Ebenso waren die außereuropäischen Kolonien schon vor dem Ersten Weltkrieg beliebte Experimentierfelder für eugenische Praktiken und bevölkerungspolitische Planungen. Nach 1918 setzte sich diese Entwicklung fast ungebrochen fort. In den 1920er und 1930er Jahren galten Eugenik und Bevölkerungswissenschaft als die innovativsten der praxisorientierten Wissenschaften. Sie wurden fast überall auch staatlich unterstützt und exportierten nicht wenige ihrer Ideen und Theorien in die Nachbardisziplinen der Evolutionsbiologie oder Genetik ebenso wie in die Soziologie, in die Politik- oder Geschichtswissenschaft.

Was in der Eugenik Programm wurde, hatte sich im Rassendiskurs des 19. Jahrhunderts bereits angekündigt: die Einsicht in die scheinbar unmittelbare Beziehung zwischen der biologischen Reproduktion einzelner und derjenigen ganzer Gemeinschaften. Gegen alle Ideen einer großflächigen und übergreifenden Rassenpolitik stellte sich die Eugenik zunächst auf den strikten Standpunkt, daß jede Form von Evolutionskontrolle beim Individuum ansetzen müsse. Daher richtete sie ihr Augenmerk anfänglich vor allem auf jene, statistisch eigentlich irrelevante Gruppe der Behinderten, deren Fortpflanzung unbedingt verhindert werden müsse. Daß man eben diese Gruppe aber rasch künstlich ausweitete und die Bestimmung «pathologischer» Fälle so umfassend wurde, daß schon der gewöhnliche Taschendieb in die Kategorie des «geborenen Verbrechers» fallen konnte, der sich auf keinen Fall fortpflanzen dürfe, zeugt vom eigentlichen Traum der Eugenik, die Bevölkerung als Ganzes zu perfektionieren. Entsprechend wurde schon frühzeitig zumindest erwogen, auch ganze Gruppen, Schichten und Rassen an ihrer biologischen Reproduktion zu hindern. Für die Eugeniker fielen letztlich individuelle und kollektive, ‹positive› und ‹negative› Maßnahmen in eins: einem Behinderten die Fortpflanzung zu verbieten galt ihnen ebenso als sinnvolle Maßnahme wie eine Unterbindung von rassischen Mischehen oder die staatliche Förderung von Kinderzeugung in Familien des Wirtschafts- und Bildungsbürgertums, die sich zum Entsetzen der Eugeniker angeblich weniger vermehrten als die Arbeiter.

Ebenfalls nur graduell war die rückblickend oft hervorgehobene Unterscheidung zwischen eugenischen Methoden, die durch Beeinflussung der Umwelt ihr Ziel zu erreichen suchten, und solchen, die direkt in die menschliche Fortpflanzung eingriffen. Diese Auseinandersetzung um die Frage «Vererbung oder Umwelt?» wurde zwar vom späten 19. bis zur Mitte des 20. Jahrhunderts leidenschaftlich geführt, doch war sie primär eine Auseinandersetzung über die richtige Methode, nicht aber über den Sinn und Zweck der Eugenik. Auch wenn sie bisweilen wie eine Debatte zwischen einem liberalen Primat der Erziehung und einem reaktionären Primat der biologischen Züchtung erschien, bewegte sie sich stets innerhalb des eugenischen Paradigmas. Denn auch der Erziehungsgedanke richtete sich hier, genau wie die Züchtungsidee, auf das Ziel der Erzeugung einer gewünschten Bevölkerung oder Rasse.

So war etwa der liberale Anthropologe Franz Boas der festen Überzeugung, daß die Umwelteinflüsse den primären Faktor aller Rassenentwicklung darstellten und argumentierte vehement gegen die verbreitete Auffassung, daß allein die Vererbung und damit das Darwinsche Selektionsmodell den Gang der Rassengeschichte bestimmten. Im Auftrag der amerikanischen Einwanderungsbehörde führte er 1911 eine Studie über die Kopfformen von Immigranten im Vergleich zu denjenigen ihrer in Amerika geborenen Kinder durch. Das angebliche Ergebnis dieser Studie besagte, daß die Kopfform der Kinder sich signifikant von der Kopfform ihrer Eltern unterscheide. Boas schlußfolgerte, daß die Kopfform, zeitgenössisch meist als ein eindeutiges und rein erbliches Rassenmerkmal betrachtet, durch die neue amerikanische Umwelt verändert worden sei. Die Amerikaner bräuchten, so der selber aus Paderborn eingewanderte Boas, keine Angst vor Überfremdung zu haben, denn die Amerikanisierung der Migranten sei ein natürlicher, körperlich nachweisbarer Prozeß.

Es mag sein, daß Boas' Studie damals mit dazu beigetragen hat, daß die von amerikanischen Nationalisten seit langem geforderte Einwanderungsbeschränkung noch einmal verschoben und erst 1924 beschlossen wurde. Boas selbst aber zog aus seinen Untersuchungen noch ganz andere Konsequenzen. Er glaubte, einen Mechanismus gefunden zu haben, mit dem man das gesamte Problem von Fremdenfeindlichkeit und Rassenhaß aus der Welt schaffen könnte. Wenn sich die Rassenmerkmale durch klimatische Einflüsse verändern ließen, so seine Überlegung, dann könne man durch großflächige Bevölkerungsverschiebungen unerwünschte Rassenmerkmale auch ganz zum Verschwinden bringen. Ein erstes mögliches Anwendungsfeld dieser Idee sah er in der schwarzen Bevölkerung Amerikas. Ließe sich für sie ein Klima finden, das sie langfristig weniger ‹schwarz› mache, wäre dem Rassenhaß bald ein Ende gesetzt. Hier schlug das liberale Gleichheitsideal endgültig in ein Phantasma der totalen biologischen Angleichung um.

Praktisch realisiert wurden Boas' Ideen nie, und auch er selbst verließ nach dem Ersten Weltkrieg dieses eugenische Forschungsthema und widmete sich einer sprachwissenschaftlich orientierten Ethnologie. Doch zeigen seine Überlegungen von 1911, wie weit sich liberale und reaktionäre Positionen im eugenischen Paradigma einander annähern konnten. Denn auch umgekehrt waren die Anhänger der reinen Vererbungslehre häufig weit weniger streng in der Bestimmung dessen, was sie Natur nannten, als sie vorgaben. Die deutschen Eugeniker Alfred Ploetz und Ludwig Woltmann etwa, Herausgeber des «Archivs für Rassen- und Gesellschaftsbiologie» bzw. der «Politischen Anthropologie», waren zwar beide strikte Deterministen und polemisierten gerne gegen den «veralteten» Glauben an Umwelteinflüsse, publizierten in ihren Zeitschriften aber laufend Artikel, die sich mit der Rolle von Kultur, Politik, Kunst und Gesellschaft in der Rassenentwicklung beschäftigten. Zumal im Bereich der sogenannten ‹positiven› Eugenik, also der Förderung der Reproduktion erwünschter Merkmale, galten Bildung, Erziehung und Aufklärung auch den Deterministen uneingeschränkt als rassebildende Faktoren. Hier spielte wiederum die breite Anwendbarkeit des Rassenkonzepts selbst eine wichtige Rolle: Man konnte problemlos Anhänger eines strikten Determinismus der Vererbung sein und dennoch die Sozial- und Gesellschaftspolitik als Mittel der Rassenzüchtung einsetzen, wenn man zugleich jede nur denkbare soziale Gruppe als eine eigene Rassenform auffaßte: die Verbrecher, die Arbeiter, die Asozialen, die Frauen, die Juden usw.

Insgesamt stand bis zum Ende des Zweiten Weltkriegs, als die Eugenik von den Verbrechen des Nationalsozialismus diskreditiert und vom Paradigma der modernen Humangenetik abgelöst wurde, weniger der Gegensatz als die Verschränkung von Umwelt und Vererbung, Zucht und Züchtung, Rassenerzeugung und Rassenvernichtung in ihrem Zentrum. Ein besonderes Element allerdings kam nach dem Ersten Weltkrieg neu hinzu und schob sich im Laufe der 1920er und 1930er Jahre immer deutlicher in den Vordergrund: der zunehmende Pessimismus der Eugeniker hinsichtlich der Durchsetzbarkeit und Effektivität der von ihnen geforderten Maßnahmen. Die Phantasien einer baldigen Verbesserung des kollektiven Erbguts und einer Rassenerzeugung durch effiziente Gesellschaftspolitik, die vor 1914 noch hoffnungsvoll ausgemalt worden waren, verloren nach 1918 rapide an Überzeugungskraft. Nach den Leiderfahrungen und Enttäuschungen, die der Weltkrieg auf allen Seiten gebracht hatte, war auch in der Rassentheorie eine umfassende Krisenstimmung entstanden. Was jetzt in den Mittelpunkt der Überlegungen rückte, war nicht mehr nur eine eventuelle Schädigung des Volkskörpers durch einige schlechte Elemente, sondern die Möglichkeit eines völligen Verfalls und Untergangs der eigenen, angeblich überlegenen Rasse.

Madison Grants «Passing of the Great Race» oder Oswald Spenglers «Untergang des Abendlandes» waren nur zwei herausragende Ausdrucksformen dieser nicht zuletzt unter Eugenikern und Rassentheoretikern nach 1918 verbreiteten Endzeiterwartung. Ihr Hintergrund war nicht nur die Weltkriegserfahrung, sondern auch die jetzt offen sichtbar gewordene Möglichkeit, daß demnächst neben der weißen, germanischen oder kaukasischen Rasse auch die ehemals ‹minderen› Rassen Asiens oder gar Afrikas im globalen Überlebenskampf mitmachen könnten. Und angesichts der neuen Rolle, die diese Völker in der Welt spielten – beginnend mit dem symbolträchtigen Sieg Japans über die Großmacht Rußland 1905 – war es keineswegs mehr sicher, daß die Europäer dabei die Oberhand behalten würden. Zudem war ein solches Vertrauen auf die natürliche Überlegenheit der eigenen Rasse von der evolutionistischen Rassentheorie schon längst selber verabschiedet worden, so daß ein sichtbarer Machtzuwachs der Völker außerhalb Europas besonders dem Rassenkundler als echte Bedrohung erscheinen mußte.

Vor diesem Hintergrund und weil sich die konkreten eugenischen Maßnahmen als ineffizient, utopisch oder aus moralischen und juristischen Gründen als nicht durchsetzbar erwiesen, verschob sich der Schwerpunkt der eugenischen Debatten von der innen- und sozialpolitischen wieder auf die außenpolitische Ebene des globalen Rassenkampfs. Jetzt, nach der Enttäuschung der Manipulationsphantasien aus dem späten 19. und frühen 20. Jahrhundert, kam der eigentliche Kern der Darwinschen Theorie wieder zum Tragen: die Einsicht, daß sich die stärkere und bessere Rasse erst im globalen Kampf ums Überleben als solche erweist; daß eine noch so gut ‹gepflegte› Rasse sich erst im Kampf mit anderen bewähren muß; daß die Entscheidung, welche Rassenmerkmale erwünscht und welche unerwünscht sind, eigentlich nicht bei den Eugenikern oder der Gesellschaft liegt, sondern bei der Natur; daß die perfekte Rasse erst diejenige ist, die sich gegen alle anderen durchgesetzt hat; und daß damit der einzige und wahre Rassenerzeuger der Krieg ist.

Diese Zuspitzung und Radikalität erfuhr das rassenbiologische Denken vor allem im Nationalsozialismus. Hier war sie ein zentraler Bestandteil nicht nur der rassistischen Propaganda oder der biologisch-medizinischen Forschung des Dritten Reichs, sondern seiner gesamten politischen Ideologie und Praxis. Von Hitlers *Mein Kampf*, in dem sich ein umfangreiches Kapitel über die Eugenik findet, über seine Vernichtungspolitik gegen das europäische Judentum, die er noch in ihrer grausamsten Schlußphase als einen Überlebenskampf der deutschen Rasse auffaßte, bis zu seinen letzten Aussagen im Berliner Bunker über die Wertlosigkeit des deutschen Volkes, falls es den Krieg tatsächlich verlieren sollte – Hitlers Weltverständnis und das des Nationalsozialismus waren durchdrungen von einem eugenisch-darwinistischen Rassismus. In genau dieser Kombination von ungehemmten eugenischen Phantasien der manipulativen Rassenerzeugung und der gleichzeitigen darwinistischen Einsicht, daß allein der Kampf und der Krieg diese Erzeugung leisten könnten, entfaltete der moderne Rassismus seine bislang mörderischste Dynamik. Hier waren das theoretische Naturgesetz des Rassenkampfs und die praktische Willkür eines Diktators endgültig zur Deckung gebracht; und eben deshalb waren die angestrebte Neuerschaffung des deutschen Volkes und die praktische Vernichtung des jüdischen nur zwei Seiten ein und desselben biopolitischen Projekts. Im Nationalsozialismus ließen sich rassistische Ideologie und rassistische Praxis endgültig nicht mehr unterscheiden.

Außerhalb Deutschlands gab es andere, aber vergleichbare Varianten der Kombination von Eugenik und darwinistischem Rassenkampf. Als erstes ist der Stalinismus zu nennen, dessen Säuberungspolitik in den 1930er Jahren nicht nur ebenfalls genozidale Ausmaße annahm, sondern in ganz ähnlicher Weise funktionierte und begründet wurde. Hier war die Herstellung einer klassenlosen Gesellschaft das eugenische Ideal und der rücksichtslose Klassenkampf bis zur völligen Vernichtung derjenigen, die sich der Klassenlosigkeit widersetzten oder nicht zu ihrer angestrebten Form paßten, das einzig taugliche eugenische Mittel. Zum einen lag dies in der Konsequenz eines radikalisierten Marxismus, in dessen Rahmen der Klassenkampf selber wie ein Naturgesetz erschien, das man in der Vernichtungspraxis nur mehr zur Geltung brachte. Andererseits bedurfte es einer vorgängigen und recht weitgehenden Biologisierung des Klassenbegriffs, bevor man physische Zerstörung als effiziente Sozialpolitik hinstellen konnte.

Dem entspricht, daß in der Sowjetunion vor allem jene Eugenik rezipiert und praktiziert wurde, die am Primärfaktor Umwelt festhielt, insofern sie mit dem marxistischen Gesellschaftsbegriff kompatibler war als ein rein biologischer Determinismus. Zynischerweise bestand die Umsetzung dieses Vertrauens in die Effektivität der Umweltbeeinflussung dann aber nicht selten darin, an die Stelle einer direkten Vertreibung der Unerwünschten den Entzug ihrer Nahrungsgrundlagen zu setzen, was zum systematischen Aushungern ganzer Landstriche führte. Insgesamt aber herrschte unter Stalin, mehr als unter Hitler, das eugenische Ideal der Erzeugung einer neuen Gesellschaft vor, dem man zwar ebenfalls ganze Teile der Bevölkerung opferte, das aber erst im Kontext der Verteidigung gegen die deutsche Invasion an Vorstellungen eines globalen Klassen- und Rassenkampfs gekoppelt wurde.

Den nicht-totalitären Gesellschaftsordnungen der ersten Hälfte des 20. Jahrhunderts fehlte es vor allem an einer übergreifend gültigen oder mit Gewalt durchgesetzten Zielvision, die einer eugenischen Politik Richtung und Orientierung hätte geben können. Auch dort, wo es, wie etwa in Amerika unter Roosevelts «New Deal», Programme einer umfassenden Neuorganisation der Gesellschaft gab, scheiterte ihre eugenische Umsetzung an der unübersehbaren wie auch politisch schon lange tradierten Vielfalt der amerikanischen Gesellschaft. Um so vehementer wurde dann aber der totale Krieg ab 1941 von allen Seiten und allen Beteiligten als ein existenzieller Rassenkampf ums schiere Überleben betrachtet – als ein Krieg weniger gegen politische Feinde, als gegen gefährliche Bevölkerungen. So führten die Vereinigten Staaten ab 1942 im Pazifik einen Rassenkrieg, der mit Vorstellungen von den Japanern als geborenen Untermenschen ebenso einherging wie mit den entsprechenden Praktiken der willkürlichen Deportation oder flächendeckenden Zerstörung.

Auch die in Europa vor allem gegen Ende des Krieges exzessive Bombardierung von Städten, der fast ausschließlich Zivilisten zum Opfer fielen, zeugt von der zeitgenössischen Wahrnehmung des Weltkriegs als biopolitischer Kampf gegen Bevölkerungen. Ihren Höhepunkt fand diese Kriegsführung schließlich in der nuklearen Zerstörung Hiroshimas und Nagasakis im August 1945. In diesem letzten Kriegsjahr, vom Sommer 1944, als die Alliierten in der Normandie landeten, bis zu den atomaren

Fanalen in Japan, kamen an allen Fronten und in allen Lagern zusammengenommen weit mehr Menschen ums Leben als in sämtlichen vorangegangenen Kriegsjahren. Diese ungeheure Dynamisierung der Gewalt setzt ihre ebenso umfassende Existenzialisierung im Bewußtsein der Beteiligten voraus, die das rassistische Denken sicher nicht allein verursachte, in vielen Bereichen aber plausibel machte. Aus der Perspektive des eugenisch-darwinistischen Rassismus jedenfalls, in der sich der Krieg von Anfang als ein biopolitischer Überlebenskampf darstellte, erschien die Radikalisierung der Gewalt an seinem Ende nur konsequent.

Genau darin liegt die eigentliche Funktion des Rassismus in der Eskalation von Gewalt und Massenvernichtung bis zur Mitte des 20. Jahrhunderts: Er war weder Ursache noch Auslöser, noch Motiv der Gewaltpraxis, aber er stellte die Möglichkeit bereit, jede nur denkbare Form und jedes nur denkbare Ausmaß der Gewalt in den Horizont eines naturgesetzlich ablaufenden Existenzkampfs zu stellen und so als notwendig und hinnehmbar erscheinen zu lassen. Ursachen, Auslöser und Motive stellten – neben den konkreten politischen, sozialen und wirtschaftlichen Kontexten – andere Ideologien bereit: Nationalismus, Antisemitismus, Imperialismus, Sozialismus, Faschismus etc. Der Rassismus aber hatte sich schon längst von einer bloßen Interessenideologie in ein abstraktes Welterklärungsprinzip verwandelt, dessen Biologismus zwar jederzeit mit Blick auf bestimmte Feindvölker konkretisierbar war, vor allem aber der laufenden Rationalisierung der je eigenen Gewaltpraxis diente. Für diese Rationalisierung bedurfte es gerade im Extremfall nicht einmal mehr der expliziten rassistischen Abwertung der Anderen.

So fand die Vernichtung der Juden in den Lagern statt, ohne daß die Täter in einen antisemitischen Dauerhaß versetzt werden mußten. Als angebliche Bedingung für die Schaffung eines neuen deutschen Volkes galt die Vernichtung des jüdischen nur noch als Vollzug einer rassengeschichtlichen Notwendigkeit, die mit der Einlieferung der Häftlinge ins Lager eigentlich schon abgeschlossen war und ihr Leben im Lager auf die letzte Nutzung und dann Entsorgung ihrer Körper reduzierte. Wenn man also danach fragt, ob die Täter des Holocaust überzeugte Rassisten waren, so ist dabei die Entwicklungsgeschichte des Phänomens Rassismus zu berücksichtigen. Verstanden als eine ethnozentrische Ideologie festgefügter Vorurteile und unveränderlicher Rassenhierarchien oder auch als ein gegen eine bestimmte Rasse gerichteter fanatischer Haß, spielte der Rassismus in der Realisierung der «Endlösung» eine zwar deutliche, doch eher sekundäre, propagandistische Rolle. Stellt man aber in Rechnung, daß sich der Rassismus seit dem 19. Jahrhundert zu einem Weltdeutungssystem entwickelt hatte, das in den Konzepten der Rassenerzeugung und des Rassenkampfs notwendige und unhintergehbare Naturprinzipen sah, wird auch ein Stück der bürokratischen Vollzugsmechanik verstehbarer, mit der die Vernichtung eines ganzen Volkes ab 1941 umgesetzt wurde.

Der Rassismus leistete hier eine Übersetzung des propagandistischen Motivs der deutschen Volksgemeinschaft, die von ihrem Rassenfeind, dem Judentum, bedroht werde, in ein planvolles und unaufgeregtes Handeln als systematische Austragung dieses Naturkonflikts. Schon lange vor der Errichtung der Vernichtungslager hatte der Rassismus gezeigt, daß er mit fanatischem Haß ebenso einhergehen kann wie mit bürokratischer Effizienz. Im Horizont einer jetzt blind geglaubten Naturgesetzlichkeit verwandelte sich das eine ins andere. Darin bestand wohl die primäre Rolle des Rassismus in der Genesis der «Endlösung».

Scheinbarer Ausklang und Fortleben des Rassismus nach 1945

Wesentliche Elemente rassistischer Weltdeutung spielten, wie erwähnt, auch in den anderen Gewalteskalationen des Zweiten Weltkriegs eine Rolle. Vor allem die verbreitete Überzeugung, einen existentiellen Rassen- und Überlebenskampf gegen Bevölkerungen zu führen, zumindest aber die Vernichtung von Bevölkerungsteilen als probates Kriegsmittel anzusehen, war ein entscheidendes und globales Merkmal der Praxis und Wahrnehmung dieses besonderen Krieges. Auch in den Konflikten und Kriegen nach 1945, in Korea, Vietnam oder im Irak, blieben

Formen dieses Bevölkerungskrieges erhalten und spielte der Rassismus, besonders im Vietnamkrieg, eine kaum zu unterschätzende Rolle.

Als globaler Rassenkrieg aber wurde keine dieser Auseinandersetzungen mehr geführt. In gewisser Weise hatte der Kalte Krieg auch hier einen Einfrierungseffekt. Im globalen Systemkonflikt zwischen Ost und West war der alte Welt-Rassenkampf gewissermaßen aufgehoben. In der Propaganda beider Seiten allerdings tauchte er zumindest bis in die 1960er Jahre noch explizit auf: Was im Westen über den Sowjetmenschen und im Osten über die entartete amerikanische Kultur verbreitet wurde, bediente sich nicht selten im Arsenal rassistischer Rhetorik. Vor allem aber war es das System der nuklearen Abschreckung, in dem der Rassenkampf so präsent wie zugleich zum Stillstand gebracht war. Denn die atomare Abschreckung war eben nicht nur ein Mechanismus der bloß militärischen Überlegenheit, sondern beruhte auf der dezidierten Drohung einer Komplettausrottung der jeweils gegnerischen Bevölkerungen. Die im Kern biopolitische Exzessivität dieses Systems spiegelte sich nicht zuletzt in jener Verhandlungslogik der ‹kalten› Diplomatie wider, die in der Möglichkeit einer sechsfachen Auslöschung des Gegners gegenüber der achtfachen eine unbedingt auszugleichende Schwäche sah.

Eine andere, direktere Form des Fortlebens fand der Rassismus in der zweiten Hälfte des 20. Jahrhunderts an den Rändern des großen Systemkonflikts, in der sich dekolonisierenden oder schon postkolonialen Peripherie. In Indien und Südostasien, dann in Afrika und vor allem in Südafrika dauerte es lange, bis die rassistischen Mythen und Praktiken aus der Phase des Hochimperialismus ihre Überzeugungskraft und Legitimität verloren. Das südafrikanische Apartheidsregime, aus einem klassischen Siedlerkolonialismus hervorgegangen, ist das wohl extremste Beispiel. Apartheid meinte dabei nicht nur die schlichte Trennung der Bevölkerung in eine privilegierte und eine in vielen Bereichen rechtlose Rasse. Im Bewußtsein der weißen Südafrikaner war sie vielmehr ein notwendiges System der Stabilisierung und des Fortbestands der eigenen Lebensweise als Kolonisten in einer prinzipiell feindlichen Umwelt. Die Apartheid war der institutionalisierte Rassenkampf, der vor allem um das Überleben der eigenen Kultur willen geführt wurde, der die schwarze Bevölkerung von Natur aus verständnislos bis feindlich gegenüberstehe. Wieweit diese Wahrnehmung der schwarzen Bevölkerung als Teil einer feindlichen Naturumwelt ging, zeigt sich etwa daran, daß noch in den 1980er Jahren Forschungen vom südafrikanischen Staat unterstützt wurden, die zum Ziel hatten, auf medikamentösem und molekulargenetischem Weg die schwarze Bevölkerung zu verändern, zu reduzieren oder sogar langfristig zum Verschwinden zu bringen. Als man zuletzt auf internationalen Druck hin den Schwarzen schließlich doch die ersten Partizipationsrechte einräumte, war es wohl schlicht deren übergroße Mehrheit, die das System einstürzen ließ und einen genozidalen Bürgerkrieg verhinderte.

Südafrika war zunächst die letzte der nachkolonialen Regionen, in denen Rassismus und Rassenkampfmythos in der klassisch imperialen Form eines Konflikts zwischen europäischen und außereuropäischen Kulturen auftraten. Diesem erst spät aufgegebenen rassistischen Staatssystem gingen die vielen anderen Dekolonisationsprozesse voraus, in denen der Rassismus, als theoretische Begründung und praktische Verteidigung kolonialer Machtverhältnisse, regelmäßig und mit zum Teil extrem gewalttätigen Effekten wiederbelebt wurde. Darüber hinaus lebte der Rassismus auch innerhalb westlicher Staaten fort, wie etwa in den USA, wo es nach dem Bürgerkrieg und den Reformbewegungen um 1900 erst in den 1960er Jahren einer dritten Emanzipationswelle bedurfte, um die im Süden nach wie vor existente Zwei-Rassen-Gesellschaft zumindest formal und rechtlich aufzubrechen.

Generell bilden die 1960er Jahre eine wichtige Schwellenphase, in der rassistische und chauvinistische Traditionen des imperialen 19. Jahrhunderts sich vor allem dadurch auflösten, daß ihr fundamentaler Widerspruch zu den offiziell geltenden Normen der modernen Demokratie deutlich wurde. Das gilt für die Bürgerrechtsbewegung in den USA ebenso wie für die Proteste gegen den Algerienkrieg in Frankreich oder für die Studentenbewegung in Deutschland. Nach dieser Phase transnationaler Protestbewegungen, zu der auch die Dissidentenbewegungen im Ostblock zu rechnen sind, hatte der Rassismus, wie ihn vor allem das 19. Jahrhundert hervorgebracht hatte, endgültig den Status einer unzeitgemäßen Ideologie. Damit erhielt auch der Dekolonisationsprozeß einen unumkehrbaren Status, konnten zumindest die westlichen Staaten hinter einen bestimmten Standard im rechtlichen und politischen Umgang mit ethnischer oder kultureller Differenz nicht mehr zurück und wurden rassistische Systeme wie in Südafrika politisch isoliert.

Als auch dieses letzte rassistische System 1990 schließlich zerbrach, sich zugleich der Kalte Krieg mit dem Zusammenfall des Ostblocks ohne größere Gewaltakte auflöste und mit der deutschen Wiedervereinigung für beendet erklärt wurde, war rasch vom allgemeinen Sieg der politischen Vernunft über die Irrlehren der Vergangenheit die Rede. Doch nicht lange. Dann kamen die ersten Schreckensnachrichten der «neuen Weltordnung» aus dem ehemaligen Jugoslawien und aus Ruanda. Und sie berichteten von der Wiederkehr rassistischer Praktiken, die man seit Mitte des Jahrhunderts, wenn auch ohne triftigen Grund, für überwunden gehalten hatte: ethnische Säuberungen und Völkermord.

IX. Gegenwart und Zukunft des Rassismus

Nach 1945 waren es nur zum Teil die Kriegserfahrungen und die mit den Nürnberger Prozessen ins Bewußtsein tretenden Greuel der Konzentrationslager, die der Eugenik und dem wissenschaftlichen Rassismus einen Großteil ihrer Legitimität entzogen. Wichtiger war ein schon vor dem Krieg anlaufender Paradigmenwechsel in den humanbiologischen Wissenschaften selbst: von der Eugenik zur Genetik. Während die Eugenik, ob durch Selektion oder Umweltbeeinflussung, immer noch von außen den Reproduktionsprozeß steuern wollte, konzentrierte sich die Genetik ganz auf den Vererbungsvorgang als solchen. Dabei folgte sie weniger einem evolutions- als einem kommunikationstheoretischen Ansatz und orientierte sich an der Frage, in welcher Form Lebewesen ihre Nachkommen über die spezifischen Merkmale, die sie weitergeben, eigentlich ‹informieren›. Informationstheorie und Molekularforschung, das eine getragen vom Erfolg medialer Technologien wie Radio oder Fernsehen und das andere von den nicht weniger spektakulären Erfolgen der Chemie und Kernphysik, waren auch für die Biologie ab den 1940er Jahren die neuen Leitbilder, zu denen die eugenische Methode zunächst ebensowenig zu passen schien wie die martialische Rhetorik vom Rassenkampf. Die dahinter stehenden Visionen aber blieben langfristig die gleichen. Der neue Schlüssel zum steuernden Eingriff in die biologische Reproduktion des Menschen war jetzt die molekulare Botschaft der Gene und diese lesbar zu machen ein Projekt, das große Teile der Wissenschaft bis zum Ende des 20. Jahrhunderts in Atem halten sollte: die Entschlüsselung unseres genetischen Codes.

Zwei weitere Entwicklungen, die den Rassismus in der zweiten Hälfte des 20. Jahrhunderts stark beeinflußten, waren zum einen seine kritische Thematisierung in den sozialen Bewegungen der 1960er und 1970er Jahre und zum anderen, verstärkt nach dem Ende des Kalten Krieges, die Globalisierung. Der Reformgeist der 1960er Jahre führte nicht nur zur erstmalig umfassenderen Problematisierung des Rassismus in den Sozial- und Kulturwissenschaften, sondern auch zu einem relativ breiten antirassistischen Konsens, der heute wie selbstverständlich ein normatives Element im öffentlichen Selbstverständnis der meisten Nationen bildet. Die Globalisierung dagegen hat uns inzwischen mit der Wiederkehr alter und der Entstehung neuer Formen des Rassismus konfrontiert, denen jener antirassistische Konsens zunehmend hilflos gegenübersteht. Auf welche Weise die Genetik, der Antirassismus und die Globalisierung in den letzten Jahrzehnten das Gesicht des Rassismus verändert haben, welche neuen Formen er dabei annahm und welche noch zu erwarten sind, das sind die hier abschließend zu behandelnden Fragen.

Genetik und Antirassismus

Nach dem alliierten Sieg über Nazi-Deutschland und nach der Gründung der UNO erklärte die Weltgemeinschaft die Ära rassistischer Systeme als überwunden und ächtete den Rassismus in einer Erklärung der UNESCO offiziell als eine dem modernen demokratischen Geist nicht entsprechende, ihm sogar feindlich gegenüberstehende Ideologie. Abgesehen von seinem faktischen Fortleben etwa in den Kontexten, die im vorigen Kapitel angesprochen wurden, änderte diese Erklärung ebensowenig daran, daß die wissenschaftliche und populärwissenschaftliche Rassentheorie weiterentwickelt und verbreitet wurde. So setzten in Deutschland nicht wenige der Wissenschaftler, die vor 1945 in der Eugenik und allgemeinen Rassenkunde aktiv waren, ihre Karrieren nach dem Krieg mit zum Teil nur wenig geänderten Forschungsgebieten fort. Ebenso wiesen viele populäre Publikationen, vom Sach- bis zum Schulbuch noch bis weit in die 1960er Jahre rassistische Denkfiguren und Annahmen auf, die aus dem späten 19. oder der ersten Hälfte des 20. Jahrhunderts stammten.

Fast überall blieben die wissenschaftlich und populärkulturell tradierten Auffassungen und Überzeugungen über den verschiedenen Wert und Charakter der Rassen, über die biologische Gefahr von Rassenmischung oder über die, jetzt allerdings vorsichtiger formulierte, Machbarkeit rassischer Ordnungen erhalten, auch wenn sie nicht mehr den Status eines zukunftsweisenden Wissens hatten, das den Fortschritt gestalten könnte. Im Ostblock und zumal in der Sowjetunion wurden Forschungen zur biopolitischen Herstellung sozialistischer Gleichheit sogar bis in die 1970er Jahre hinein weitergeführt, so daß russische Wissenschaftler am längsten an der eugenischen Idee und an Programmen der umweltbeeinflussenden Steuerung der Bevölkerungsentwicklung festhielten. Im Westen war man demgegenüber mit der Entdeckung der DNA-Struktur durch James Watson und Francis Crick 1953 zum genetischen Paradigma übergegangen. Nachdem einmal feststand, daß die Erbinformation (dieser Begriff hatte schon in den 1940er Jahren den älteren der Erbanlagen ersetzt) in der Kombination der vier Basenpaare (A,T,C,G) der DNA gespeichert ist, deren Reihung die Synthese der verschiedenen Proteine steuert, war das Primärziel die möglichst vollständige Entschlüsselung dieser genetischen Sequenzen.

Dieser Aufgabe widmeten sich vor allem das internationale *Human-Genome-Project* und später auch privat finanzierte Forschungseinrichtungen. Im Sommer 2001 lag schließlich die erste Gesamtkarte der menschlichen Gene, wie sie auf unseren 46 Chromosomen verteilt sind, vor. Fest stand dabei aber allein die Reihenfolge der Basenpaare, deren vielfältige Kombination wiederum die Masse von Proteinen ergibt, die unsere Körperfunktionen steuern. Entgegen der landläufigen Vorstellung und auch der anfänglichen Hoffnung vieler Forscher stellte sich heraus, daß ein Gen aber keineswegs Träger einer bestimmten Information und damit eines bestimmten Merkmals ist, sondern bestenfalls beschrieben werden kann als eine lokalisierbare Sektion der DNA, welche die Synthese eines funktionalen Stoffs (z.B. eines Proteins) codiert oder regulierend auf andere Gene einwirkt. Im übertragenen Sinne gesprochen: Man weiß nun, in welcher Schrift unser genetischer Code geschrieben ist und man kennt die Reihenfolge der Buchstaben. Um diesen Code jetzt aber auch zu verstehen bedarf es noch weiterer langer Forschungen.

Insofern wundert es auch nicht, daß sich eine genauere oder gar eindeutige Bestimmung von Rassen auf Grundlage des genetischen Codes sehr rasch als unmöglich erwiesen hat. Was sich an äußeren Rassenmerkmalen auch genetisch nachweisen läßt, ist viel zu wenig, ungenau und variabel, als daß sich daraus eine klare Rassenordnung ableiten ließe. Genetisch betrachtet, gehen die körperlichen Eigenschaften der Menschen noch viel fließender ineinander über, als es äußerlich den Anschein hat. Doch so beruhigend das in antirassistischer Sicht zunächst sein mag, bereits die Eugenik hatte deutlich gemacht, daß es einen voll ausgebildeten Rassismus mit mörderischen Konsequenzen auch ohne ein klares Modell der Rassenordnung geben kann, daß vielmehr die Idee der künstlichen Herstellung einer solchen

Ordnung schon zu Beginn des 20. Jahrhunderts das eigentlich antreibende Moment hinter den rassistischen Praktiken war. Und genau diese Vision einer Regulierung unseres biologischen Lebens ist auch im Kontext des genetischen Paradigmas ungebrochen.

Wie die Eugenik lebt auch die heutige Humangenetik von dem Versprechen, das Leben insgesamt als einen Naturprozeß kontrollieren zu können. So äußern Genetiker immer wieder die Überzeugung, daß sich auch für Phänomene wie etwa die Homosexualität früher oder später das verantwortliche Gen finden werde. Häufig wird gegen diesen Determinismus in kritischer Absicht eingewandt, daß man nicht alles aus den Genen und der Natur ableiten könne bzw. solle.

Hier wird ein Dilemma deutlich, das die meisten bioethischen und biopolitischen Debatten (ob es um Genetik, Reproduktionsmedizin oder Neurologie geht) kennzeichnet: Was vor allem kritisiert wird, ist die Annahme einer deterministischen Welt als solcher, in der weder Geist noch Gott noch freier Wille einen Platz haben. Diese Kritik aber ist notwendig schwach. Zum einen kann sich die kritisierte Forschung diesem Einwand gegenüber unmittelbar in den Glanz einer 500jährigen Erfolgsgeschichte wissenschaftlicher Aufklärung stellen, deren Resultate immer schon Kränkungen der Religion und des menschlichen Narzißmus waren. Zum anderen muß die Kritik vollends in dem Augenblick kapitulieren, in dem sich eine deterministische Annahme der Genetiker empirisch als wahr erweist.

Viel wichtiger als diese prekäre Alternative zwischen Natur und Geist, Determinismus und Voluntarismus ist daher die Frage, welcher Geist hinter der angeblich reinen Natur und welcher Wille hinter der deterministischen Überzeugung steht. Die Annahme einer Allmacht der Natur – eben das zeigt die Geschichte des Rassismus in aller Deutlichkeit – war nie Fatalismus, sondern immer nur der erste Schritt, die Natur technisch verfügbar zu machen. Denn einen deterministischen Mechanismus erkannt zu haben heißt immer auch, ihn nutzen zu können. Es ist dieser potentielle Nutzen der Erkenntnis und nicht die Erkenntnis selbst, der die Forschungen über unsere angenommene Bestimmtheit durch Gene und Neuronen antreibt. Entsprechend begründen viele Genetiker ihre Forschung auch zu Recht und nachvollziehbar mit den neuen potentiellen Möglichkeiten, Krankheiten zu heilen. Was aber ist die Begründung dafür, nach einem Gen für Homosexualität zu suchen, soziales Handeln ausschließlich als neuronal und damit genetisch gesteuertes Verhalten zu deuten oder die genetischen Daten ganzer Bevölkerungen – wie auf Island oder in Lettland bereits geschehen – zu sammeln und zentral zu speichern?

Erst solche Fragen berühren den Kern des Problems: die hinter dem Determinismus liegenden und ihn tragenden Visionen der technischen Manipulation, Nutzung und Veränderung. Während diese Visionen im Falle der Krankheitsbekämpfung mit Verve vorgetragen werden, liegen sie in anderen Bereichen im dunkeln und sind auch den Forschern selbst keineswegs immer als konkrete Ziele präsent. Je weniger aber faktisch abzusehen ist, was durch die Genforschung noch alles möglich sein wird, desto wichtiger wird die Frage, welche der imaginierten Nutzungsformen überhaupt sinnvoll und welche problematisch sind. Spätestens an dieser Stelle hätten neben der theologischen Ethik dann auch die historische und soziologische Wissenschaftsforschung und vor allem die politische, demokratische Willensbildung mitzureden.

Aus der in den vorangegangenen Kapiteln skizzierten historischen Entwicklung jedenfalls wird deutlich, daß so manche der biopolitischen Visionen von heute die rassentheoretischen Visionen des 19. und 20. Jahrhunderts unmittelbar fortschreiben. Eine Gesellschaft, die in ihrem Traum von der genetischen Abschaffung etwa des Krebses die gleichartige Abschaffung unerwünschter Korper-, Sexualitäts- oder Verhaltensformen gleich mitträumt, erscheint nicht weniger rassistisch als jene Gesellschaft des ausgehenden 19. Jahrhunderts, die den gleichen Traum durch Sterilisierung und Selektion zu verwirklichen suchte. Hinzu kommt, daß der Übergang von individualmedizinischer Behandlung in bevölkerungspolitische Regulierung im Horizont der Genforschung noch viel fließender ist als er im 19. Jahrhundert war. Aus Sicht des alten Evolutionismus bildete noch die sexuelle Reproduktion das entscheidende Scharnier zwischen Individuum und Kollektiv. Die Gene aber haben von vornherein einen doppelten Status: sie gelten als Träger unserer Individualität und zugleich als das ‹Kollektiv in uns›. Genetische Behandlung ist potentiell immer schon ‹Rassenbehandlung› und Menschheitsverbesserung.

Was die Geschichte des Rassismus damit zu einem Teil der Vorgeschichte der heutigen Genforschung und ihrer biopolitischen Anwendungsgebiete macht, ist nicht der Rassenbegriff selbst oder eine bestimmte rassenpolitische Ordnungsvorstellung, sondern das Ziel, erwünschte gesellschaftliche Ordnungen auf dem Wege der Manipulation unseres biologischen Lebens herzustellen. Einerseits verdanken wir dieser Vision einen Großteil des medizinischen Fortschritts und damit des Lebensstandards zumindest in unseren Breiten. Andererseits aber birgt diese Vision immer schon die Möglichkeit rassistischer Exklusion. Denn Weltverbesserung und erwünschte Zustände mit biologischen Mitteln erreichen zu wollen verleiht dem Unerwünschten, was oder wer es auch immer sei, automatisch den Status des Lebensunwerten, mindestens aber eines lebensnotwendig zu bekämpfenden biologischen Übels. Wer in das Fadenkreuz eines solchen Exklusionsmodells gerät, wird sich auf kein Recht der Welt mehr verlassen können. Denn es unterläuft, genau wie die Vorstellung vom Rassen- und Überlebenskampf im 19. Jahrhundert, im Namen des Lebens selbst jede rechtliche Norm und jede politische Willensbildung.

Dem scheint der Antirassismus als weithin akzeptierter normativer Konsens entgegenzustehen. Doch bezieht sich dieser meist auf einen Rassismus, wie er im Kontext von Sklavenhandel, Expansion und Nationalstaatsbildung im 18. und in der ersten Hälfte des 19. Jahrhunderts Gestalt angenommen hatte, nicht aber auf den sich danach entwickelnden, post-darwinistischen Rassismus der Weltverbesserung, Rassenerzeugung und Eugenik. Das wiederum hängt damit zusammen, daß der Antirassismus, trotz einer Reihe wichtiger früherer Publikationen, seine aktuelle Form erst in den sozialen Bewegungen der 1960er Jahre annahm.

Diese transnationalen Reform- und Protestbewegungen stellten rassistische Weltbilder in einem höheren Maße als je zuvor unter generellen Ideologieverdacht. Insbesondere die Bürgerrechtsbewegung in den USA und ihre globale Rezeption trugen dazu bei, den Rassismus im öffentlichen Bewußtsein weltweit zu delegitimieren. Das entscheidende Medium dieses Umdenkens aber war, wie bei den meisten anderen politischen Themen der ‹68er› auch, weniger die genaue Aufklärung und Analyse als der Nachweis, wie weitverbreitet Vorurteilsstrukturen und ideologische Annahmen in den modernen Demokratien entgegen ihrem offiziellen Selbstbild immer noch waren. Was die Weltöffentlichkeit aufrüttelte, waren weniger die Proteste der Aktivisten als die reaktionären Widerstände, die sie hervorriefen. Insbesondere in den USA, Frankreich und auch England war der antirassistische Protest daher vor allem dort erfolgreich, wo die rassistische Praxis als Widerspruch zur Verfassungstradition und damit zum politischen Selbstverständnis der Nation kenntlich gemacht werden konnte.

Diesem Rückgriff auf die aufklärerischen Normen der Gleichheit und Freiheit entsprechend galt dann der Rassismus, den man anprangerte, als ein veraltetes, reaktionäres und im Kern vormodernes Phänomen. In ihrer Kritik an Restbeständen traditionaler Ungleichheit stärkten die sozialen Bewegungen der späten 1960er Jahre zwar das demokratische Bewußtsein, erzeugten zugleich aber eine strukturelle Blindheit gegenüber Ideologien, die schon längst im Innern modern-demokratischer Normen, Systeme und Mentalitäten wirksam geworden waren. Das dabei entstandene Bild des Rassismus als einer genuin antimodernen, irrationalen und statischen Ideologie der Ungleichheit ist noch heute in den meisten Lexika und Schulbüchern zu finden – hat mit der faktischen Geschichte des Rassismus zumindest der letzten 150 Jahre aber kaum etwas zu tun.

Es dauerte bis in die späten 1980er Jahre, bevor man gewahr wurde, daß der moderne Rassismus schon längst nicht mehr nur alte Ungleichheitsdogmen und rassengeschichtliche Mythen reproduziert. Vielmehr zeigten neuere Studien, anfänglich in Frankreich und England, später auch in Deutschland, daß gerade in den rechtsradikalen und fremdenfeindlichen Milieus von heute der Rassenbegriff selbst zunehmend vermieden wird, statt dessen aber um so mehr Wert auf die vom Rassismus geforderten Formen der Praxis gelegt wird. Nicht Ungleichheitsdogmen und festgelegte Vorurteilsstrukturen, wohl aber das gesamte praxisbezogene Arsenal rassistischer Motive läßt sich hier wiederfinden: Schutz vor Überfremdung, Reinhaltung, Selektion, Verteidigung, Exklusion, Wiederherstellung, Ausschluß, Bekämpfung, Erneuerung, Erzeugung und Säuberung. Bei der Bestimmung dessen aber, was es da zu schützen, zu verbessern und zu verteidigen gilt, steht nicht mehr die Rasse im Vordergrund, sondern die Kultur, die Gesellschaft, die Nation oder schlicht die eigene Lebensweise. Ebenso wird die Frage, gegen wen sich die Praktiken des Ausschlusses und der Bekämpfung richten, unter Vermeidung des Rassenbegriffs abstrakt beantwortet: gegen die Ausländer, die Fremden, die Anderen – darunter wiederum können, wie im modernen Rassismus schon immer, auch kulturelle und soziale Gruppen fallen: Obdachlose oder Homosexuelle, Juden oder Muslime.

Übergreifendes Kennzeichen der neuen, heutigen Formen des Rassismus ist der explizite Wechsel vom dogmatischen Weltbild zur praktischen Weltveränderung, mithin die Wiederholung eines Strukturwandels, der am Ausgang des 19. Jahrhunderts schon einmal stattgefunden hat. Das wird nicht zuletzt in dem von der jüngeren Forschung festgestellten Trend rassistischer Denkweisen deutlich, nicht mehr die rassische Ungleichheit, sondern rassistisches Verhalten zum natürlichen Faktor zu erklären. Nirgendwo ist die Annahme, daß sich jede Art von Gruppe oder Kollektiv nur durch Abgrenzung und den Ausschluß von fremden Einflüssen erhalten kann, so tief verankert wie in rassistischen oder radikalnationalistischen Milieus, wo sie als das alles andere überragende Naturgesetz betrachtet und gebetsmühlenartig wiederholt wird. Daher klingt fremdenfeindliche Rhetorik heute so häufig wie der scheinbar selbstverständliche Ruf nach Natur- und Artenschutz. Zugleich aber schließt diese Rhetorik an Vorstellungen an, die weit über jene Milieus hinaus in der Gesellschaft verankert sind und hier mit einem weiteren aktuellen Phänomen verschmelzen: mit der Angst vor den Herausforderungen der Globalisierung.

Globalisierung und Kulturkonflikt

Obgleich als historischer Prozeß der ökonomischen und technologischen Vernetzung unseres Planeten seit der Mitte des 19. Jahrhunderts existent, hat die Globalisierung in den letzten 30 Jahren einen immensen sowohl verkehrs- und informationstechnologischen als auch politischen Beschleunigungsschub erfahren. Seit dem Zerfall der binären Weltordnung des Kalten Krieges hat die Diagnose, daß wir zunehmend in einem globalen Dorf leben, durchaus ihre Berechtigung. Die eigentliche Herausforderung dieses Zustandes aber besteht nicht in diesen Annäherungen und Verdichtungen, sondern in den gegenläufigen Effekten, die sie massenhaft erzeugen und denen gegenüber sich die hergebrachten politischen Ordnungsmodelle als zunehmend unbrauchbar erweisen. Ob in der Wiederkehr des Nationalismus und Fundamentalismus, in den ethnischen Ghettos der Großstädte, in den Rufen nach kultureller Homogenisierung, in der Hypostasierung kultureller Symbole zu politischen Streitthemen oder in den vielen identitätspolitischen Nutzungsformen des anfänglich einmal als kulturnivellierend beschimpften Internets – wo immer wir genauer hinsehen, da erzeugt die direkte oder indirekte Verschränkung von Lebenswelten Widerstände gegen ihre Angleichung, neue Formen der Abgrenzung und neue Partikularismen.

Die politischen Reaktionen darauf aber greifen fast regelmäßig auf Ordnungsmodelle früherer Zeiten zurück. Das führt zu offenen Widersprüchen. Europa etwa fördert die Globalisierung und engagiert sich in der liberalisierenden Öffnung von Märkten weltweit, schottet sich aber zugleich, im Namen eines zu schützenden Binnenmarktes und begleitet von einer schärfer werdenden Rhetorik des Kulturschutzes, gegen die unmittelbaren Auswirkungen dieser Politik ab – gegen diejenigen, die dem neoliberalen Ruf nach Flexibilität, Freiheit und Wohlstand folgen, aber aus den falschen, unerwünschten Regionen kommen.

Die Zahl von Menschen, die als ‹Illegale› in den äußeren oder inneren Randzonen Europas, in überfüllten Booten oder vergessenen Lastwagen ums Leben kommen, steigt seit Jahren. Ebenso die Zahl der Halblegalen, die im Ausschlußzirkel von Aufenthalts- und Arbeitserlaubnis kaum auf geregelte Verhältnisse hoffen können und nicht selten nach Jahren doch noch abgeschoben werden. Solchen konkreten Sozialverhältnissen gegenüber erscheint die seit langem geführte Debatte über Integration, die immer weniger als eine Aufgabe der Gesellschaft und immer mehr als eine Eigenleistung der Migranten verstanden wird, bisweilen abstrakt und erfahrungsenthoben.

Integration ist immer ein wechselseitiger Prozeß, der laufend Verhandlungen und Anpassungen erfordert. Der derzeitige Trend aber, von den sozialen, ökonomischen und politischen Bedingungen einer sinnvollen Integration abzusehen und die Diskussion auf die fundamentalere Ebene von Kulturen und Lebensweisen zu verschieben, erscheint vor allem deshalb problematisch, weil der dabei ins Spiel kommende Kulturbegriff sich dem anzunähern beginnt, was sich früher einmal im Rassenbegriff ausdrückte. Das verbindende Element ist dabei die Funktion beider Begriffe, der eigenen Identität erst im Medium der Ab- und Ausgrenzung sowie des Schutzes vor Bedrohung und Veränderung überhaupt eine Form zu geben. Immer häufiger wird die nicht zu leugnende Transformation dessen, was einmal deutsche oder europäische Kultur hieß, in der spektakulären Gestalt einer fortschreitenden Überfremdung zum Medium und Ausgangspunkt der Forderung nach einer neuen Selbstfindung gemacht. Eben dieser Mechanismus aber, jetzt im Diskursfeld der Kultur, war bis weit ins 20. Jahrhundert ein zentrales Merkmal des Rassendiskurses. Die Bedingungen der Globalisierung schreien förmlich nach einem neuen theoretischen wie praktischen Modell der Neuordnung. Der Rassenbegriff selbst ist weiterhin diskreditiert, aber ein im Kern rassentheoretisch gedachter Kulturbegriff ist allemal möglich und in bestimmten Kontexten schon sichtbar.

Ein anderes Beispiel für diese Aktualität von Elementen des Rassismus ist das gegenwärtig so bestimmende Thema des Kulturkonflikts. Worin sich, spätestens seit den Anschlägen am 11. September 2001, die amerikanische Politik, der radikale Islamismus und große Teile der Weltöffentlichkeit jenseits aller Differenzen völlig einig zu sein scheinen ist die Auffassung, daß wir uns alle in einem Kampf der Kulturen befinden geht, daß gegenwärtig ein Fundamentalwiderspruch von Welt- und Lebensauffassungen ausgetragen wird und daß kein Weg an diesem Kampf vorbeiführt. Mit dieser Diagnose scheint die Komplexität der globalisierten Welt deutlich reduziert und Zugehörigkeit eindeutig geklärt zu sein – ohne daß es dafür politischer Verhandlungen bedarf. Denn der vielbeschworene Kampf der Kulturen ist gerade kein Konflikt zwischen Staaten und politischen Gemeinschaften (selbst der Irak war nur einer von potentiell vielen Schurkenstaaten), sondern er ist, wie immer wieder betont wird, ein Krieg der Kulturen, ein Krieg, der neben seinen spektakulären Formen in New York oder Bagdad vor allem ein Krieg gegen versteckte und schleichende Gefahren ist, gegen Ideen und Vorstellungen, gegen verdächtige Personen und unkontrollierte Einflüsse, gegen okzidentalen Unglauben und orientale Kopftücher.

Was im Konzept des Kampfes der Kulturen wiederkehrt, ist der Mythos vom Rassenkampf. Das äußert sich weniger in der Wiederholung alter Stereotypen und Diffamierungen, als vielmehr in der Wiederbelebung einer symmetrischen und nivellierenden Konfliktlogik, nach der allein das Austragen und Bestehen des Kampfs, mit militärischen ebenso wie mit kulturpolitischen Mitteln, noch wissen läßt, wer man ist und was man verteidigt; eine Logik, nach der die konkreten gewalttätigen Auseinandersetzungen nur eine Ausdrucksform immer schon existenter Antagonismen und Fundamentalwidersprüche sind, deren faktische Unbenennbarkeit die Bedrohung nur um so gefährlicher macht. In solchen Szenarien treten scheinbar Sinn und Ordnung stiftende Beschreibungen der Wirklichkeit an die Stelle tatsächlicher Erfahrungen. Erlangen diese Beschreibungen aber einmal den Status unhintergehbarer Prinzipien, die als ständig empfundene Bedrohung und ständige Aufforderung zur Ordnung handlungsanleitend werden, dann ist ein fataler

Schritt getan und man könnte statt vom Kampf der Kulturen genausogut wieder vom Rassenkampf reden.

In einem immer engeren Zusammenhang mit dem globalen Kampf der Kulturen wird jüngst auch der innergesellschaftliche, migrationsbedingte Kulturkonflikt gesehen. So hat eine neuere Studie über die politischen Einstellungen der Deutschen ergeben, daß rund die Hälfte von ihnen glaubt, von Überfremdung bedroht zu sein, im Osten etwas mehr als im Westen. Diese Angst selbst ist noch kein Gradmesser für Rassismus. Vielmehr zeigt sie zunächst, daß Angleichungen und Vereinigungen, sosehr sie auch öffentlich als unbedingt zu begrüßende, mindestens aber notwendige Prozesse gelten, selten ohne Widerstand hingenommen werden, sondern Eigensinn provozieren und neue Abgrenzungen hervorrufen. Die öffentliche und auch politische Reaktion darauf besteht aber nur höchst selten darin, die Angleichungsprozesse selbst zur Disposition zu stellen oder zumindest kritikfähig zu machen. Die Globalisierung gilt als ebenso alternativloser Naturvorgang wie die europäische Einigung oder wie 1990 die deutsche Wiedervereinigung. Unabhängig davon, wie richtig oder falsch diese Diagnose ist, hat der sakrosankte Status von Vereinigungsvorgängen zur Folge, daß Gegenreaktionen durch andere Faktoren erklärt werden müssen. Und genau hier steht dann rasch die Vorstellung bereit, daß es an den Differenzen und je besonderen Eigenschaften dessen liegen müsse, was da zusammenwächst, aber vielleicht doch nicht zusammengehört.

Dieser Zirkelschluß, der von politischen und gesellschaftlichen Verhältnissen metaphorisch immer noch redet, als ginge es um Rassenmischung, wird nicht zuletzt da zum Einsatz gebracht, wo neu sich bildende Formen des interkulturellen Zusammenlebens nach Maßgabe ihrer Friedfertigkeit und Assimilierung bewertet und dann mit viel Aufwand als gescheitert deklariert werden. Regelmäßiges Objekt dieser Prozedur ist der Multikulturalismus, dessen angebliches Scheitern immer wieder eine Schlagzeile wert ist. Verstanden als rein theoretisches Modell der Anerkennung jedweder Lebensform als zu schützende ‹Kultur›, hat der Multikulturalismus schon längst an Überzeugungskraft verloren. Als Zustandsbeschreibung unserer Gesellschaft aber, in der Menschen mit unterschiedlichsten kulturellen Hintergründen zusammenleben, ihre Kulturstile mischen und eigene neue Kultur- und Lebensformen ausbilden, ist er aktueller denn je. Dennoch geht man meist wie selbstverständlich davon aus, daß ‹multikulturell› eine Gesellschaft heißt, in der man Menschen antrifft, die eigentlich nicht dort hingehören. In dieser Sichtweise lassen sich dann aktuelle Probleme der Integration, wie Ghettoisierung oder die Artikulation kultureller Sonderansprüche, mit denen sich Einwanderungsgesellschaften schon immer befassen mußten, als angeblich schlagender Nachweis einer nicht mehr verhandelbaren Unvereinbarkeit zwischen den Kulturen deuten. Der schon längst als Wahrheit akzeptierte globale Kampf der Kulturen erhält so in Berlin oder Frankfurt neue Kriegsschauplätze.

Vor diesem Hintergrund erscheint es besonders wichtig, den Begriff ‹Rassismus› im Spiegel der historischen Entwicklung und Veränderung des mit ihm bezeichneten Phänomens zu aktualisieren. Um den zukünftigen Entwicklungen zu begegnen, erscheint es jedenfalls sinnvoll, dort, wo Gegenwartsphänomene einen unverkennbaren Bezug zur komplexen Geschichte des Rassismus aufweisen, auch von Rassismus zu sprechen. Wir haben uns angesichts vergangener Gewalteskalationen daran gewöhnt, den Rassismus nicht zu leichtfertig als politisches Schlagwort zu gebrauchen. Doch haben wir darüber vergessen, daß der Rassismus nie eine dumpfe, irrationale Ideologie in den Köpfen unverbesserlicher Menschenhasser war, sondern von Anfang an eine in der politischen Rationalität der Neuzeit verankerte Möglichkeit der extremen und exzessiven Selbstfindungs-, Abgrenzungs- und Weltverbesserungspolitik. Eben deshalb hat er unter den global schwieriger und komplexer werdenden Bedingungen von heute nichts von seiner Aktualität eingebüßt. Abschließend sollen daher die wesentlichen Charakteristika des Rassismus, wie sie in diesem historischen Überblick erarbeitet wurden, noch einmal gerafft zusammengefaßt werden.

Der Rassismus ist kein universales Phänomen, sondern hat eine Geschichte, deren Beginn sich relativ präzise im ausgehenden 15. Jahrhundert festmachen läßt. Formen ethnozentrischer Wahrnehmung, sozialer Ausgrenzung oder kollektiver Unterdrückung in den vorangegangenen Epochen funktionierten – in ihrer Praxis wie ihrer Begründung – auf strukturell andere Weise als diejenigen, die sich in der spanischen *Reconquista* zum ersten Mal herausbildeten und den neuzeitlichen Rassenbegriff hervorbrachten. Der Rassismus ist auch kein Phänomen radikaler Abweichung von modernen Entwicklungspfaden und stellt ebensowenig einen Restbestand vormoderner Denkweisen oder einen Rückfall in diese dar. Vielmehr ist er eng an die Herausbildung moderner Gemeinschaften und die Formen ihrer politischen Regulierung gebunden. Er paßt sich diesen Gemeinschafts- und Politikformen laufend an und fungiert als eine Ideologie der theoretischen Begründung und praktischen Herstellung von Zugehörigkeit, wo diese unsicher oder unklar geworden ist.

Der Rassismus ist kein Essentialismus. Er beruft sich niemals auf die Natur an sich, sondern grundsätzlich auf ein sich selber veränderndes Wissen von der Natur. Dieses Wissen in Gestalt eines gewünschten Idealszustands (der fixen Ordnung oder aber des ewigen Kampfes) ist für den Rassismus das Maß, nach dem er die gegebene Natur (des Menschen, der Gesellschaft) gestalten will. Daher ist auch der Rassenbegriff selbst kein essentialistisches Konzept, das Unveränderlichkeit betont. Vielmehr beruhen Angst vor Überfremdung und der Wille zur praktischen Herstellung von Rassenordnungen (im Extremfall zur Rassenerzeugung) auf dem Wissen von der Veränderbarkeit der Rassen. Spätestens seit der Aufgabe der naturgeschichtlichen Auffassungen des 18. Jahrhunderts ist der Rassismus daher auch kein statisches Weltbild, sondern eines der Veränderlichkeit und eingreifenden Manipulierbarkeit von Rassenordnungen.

Der Rassismus ist nie nur eine Form der Herabsetzung, Diskriminierung oder Verfolgung bestimmter Gruppen, sondern immer auch eine Form der Welterklärung. Er setzt ein bestimmtes Bild der Welt, ihrer Rassenreinheit, ihres Rassenantagonismus oder ihres ewigen Rassenkampfs, als Naturgesetz voraus und ruft dazu auf, die gegebenen Verhältnisse diesem Naturgesetz anzupassen – die Reinheit herzustellen, den Antagonismus auszutragen, den Kampf zu Ende zu führen. Genau darin liegt die eingangs erwähnte strukturelle Übertreibung, die den Rassismus auszeichnet. Es geht ihm nie allein um die Abwertung anderer, sondern immer auch um die Korrektur des Ganzen. In diesem Sinne beginnt Rassismus dort, wo Menschen der Ansicht sind, daß die Bekämpfung bestimmter Gruppen anderer Menschen die Welt besser mache.

Literaturverzeichnis

I. Was ist Rassismus?

Danckwort, Barbara (Hg.): Historische Rassismusforschung. Ideologien, Täter, Opfer, Hamburg 1992.
Delacampagne, Christian: Die Geschichte des Rassismus, Düsseldorf 2005.
Foucault, Michel: Der Wille zum Wissen. Sexualität und Wahrheit I, Frankfurt 1976.
Frederickson, George M.: Rassismus. Ein historischer Abriß, Hamburg 2004.
Gates, Henry L., Dominik LaCapra Hg.: The Bounds of Race, Ithaca 1989.
Geiss, Immanuel: Geschichte des Rassismus, Frankfurt 1988.
Goldberg, Daniel T. (Hg.): The Anatomy of Racism, New York 1991.
Hall, Stuart: Rassismus und kulturelle Identität, Hamburg 1994.
Hund, Wulf D.: Negative Vergesellschaftung. Dimensionen der Rassismusanalyse, Münster 2006.
Jureit, Ulrike (Hg.): Politische Kollektive: Die Konstruktion nationaler, rassischer und ethnischer Gemeinschaften, Münster 2001.
Memmi, Albert: Rassismus, Frankfurt 1987.
Miles, Robert: Rassismus. Einführung in die Geschichte und Theorie eines Begriffs, Hamburg 1991.
Priester, Karin: Rassismus. Eine Sozialgeschichte, Leipzig 2003.
Stingelin, Martin (Hg.): Rassismus und Biopolitik, Frankfurt 2003.
Taguieff, Pierre-André: Die Macht des Vorurteils. Der Rassismus und sein Double, Hamburg 2000.

II. Sklaven und Barbaren: Rassismus in der Antike?

Dihle, Albrecht: Die Griechen und die Fremden, München 1994.
Isaac, Benjamin: The Invention of Racism in Classical Antiquity, Princeton 2004.
Koselleck, Reinhart: «Zur historisch-politischen Semantik asymmetrischer Gegenbegriffe», in ders.: Vergangene Zukunft. Zur Semantik geschichtlicher Zeiten, Frankfurt 1979, S. 211–259.
Poliakov, Leon: Geschichte des Antisemitismus, Bd. 1: Von der Antike bis zu den Kreuzzügen, Worms 1979.
Schneider, Manfred: Der Barbar. Endzeitstimmung und Kulturrecycling, München 1997.
Schumacher, Leonhard: Sklaverei in der Antike. Alltag und Schicksal der Unfreien, München 2001.

III. Heiden, Juden und Häretiker: Rassismus im Mittelalter?

Bedero, Adriaan: Christenheit und Christentum im Mittelalter. Über das Verhältnis von Religion, Kirche und Gesellschaft, Stuttgart 1998.
Erfen, Irene (Hg.): Fremdheit und Reisen im Mittelalter, Stuttgart 1997.
Friedman, John B.: The Monstrous Races in Medieval Art and Thought, Cambridge 1981.
Fuhrer, Therese: Augustinus, Darmstadt 2004.
Jussen, Bernhard (Hg.): Die Macht des Königs. Herrschaft in Europa vom Frühmittelalter bis in die Neuzeit, München 2005.
Poliakov, Leon: Geschichte des Antisemitismus Bd. 2: Das Zeitalter der Verteufelung und des Ghettos, Worms 1989.
Pochart, Götz: Das Fremde im Mittelalter. Darstellungen in Kunst und Literatur, Würzburg 1997.

IV. ‹Rasse› in der Frühen Neuzeit

Bitterli, Urs: Die Wilden und die Zivilisierten. Grundzüge einer Geistes- und Kulturgeschichte der europäisch-überseeischen Begegnung, München 1992.
Conze, Werner: Art. ‹Rasse›, in: Geschichtliche Grundbegriffe Bd. 5, Stuttgart 1984, S. 135–178.
Foucault, Michel: In Verteidigung der Gesellschaft. Vorlesungen am Collège de France 1975–76, Frankfurt 1999.
Hausberger, Bernd, Gerhard Pfeisinger (Hg.): Die Karibik. Geschichte und Gesellschaft 1492–2000, Wien 2005.
Kamen, Henry: Die spanische Inquisition, München 1967.
Netanyahu, B.: The Origins of Inquisition in 15th Century Spain, New York 1995.
Poliakov, Leon: Geschichte des Antisemitismus Bd. 4: Die Marranen im Schatten der Inquisition, Worms 1981.
Reinhardt, Wolfgang: Geschichte der europäischen Expansion, 4 Bde., Stuttgart 1983.
Roth, Norman: Conversos, Inquisition, and the Expulsion of the Jews from Spain, Madison 2002.

V. Das 18. Jahrhundert und die Aufklärung

Anderson, Benedict: Die Erfindung der Nation, Berlin 1998.
Augstein, Franziska (Hg.): Race. The Origins of an Idea 1760–1850, Bristol 1996.
Eze, Emmanuel C. (Hg.): Race and the Enlightenment. A Reader, Cambridge 1997.
Gould, Stephen J.: The Mismeasure of Man, New York 1981.
Hentges, Gudrun: Die Schattenseiten der Aufklärung. Die Darstellung von

Juden und ‹Wilden› in den philosophischen Schriften des 18. und 19. Jahrhunderts, Schwalbach/Ts. 1999.
Kohl, Karl-Heinz: Entzauberter Blick. Das Bild vom Guten Wilden, Frankfurt 1986.
Poliakov, Leon: Der arische Mythos. Zu den Quellen von Antisemitismus und Rassismus, Hamburg 1993.
Valls, Andrew: Race and Racism in Modern Philosophy, Ithaca 2005.

VI. Das 19. Jahrhundert und der Evolutionismus

Biddis, Michael: Father of Racist Ideology. The Social and Political Thought of Count Gobineau, London 1970.
Bowler, Peter J.: Evolution. The History of an Idea, Berkeley 1989.
Canguilhem, Georges: Das Normale und das Pathologische, München 1976.
Gould, Stephen J.: The Structure of Evolutionary Theory, Cambridge 2002.
Lepenies, Wolf: Das Ende der Naturgeschichte, München 1976.
Sieferle, Rolf-Peter: Die Krise der menschlichen Natur. Zur Geschichte eines Konzepts, Frankfurt 1989.
Wuketits, Franz M.: Evolution, München 2000.
Young, Robert J. C.: Colonial Desire. Hybridity in Theory, Culture and Race, London 1995.
Sarasin, Philipp, Jakob Tanner (Hg.): Physiologie und industrielle Gesellschaft: Studien zur Verwissenschaftlichung des Körpers im 19. und 20. Jahrhundert, Frankfurt 1998.
Stocking, George Hg.: A Franz Boas Reader: The Shaping of American Anthropology 1883–1911, Chicago 1982.

VII. Formen rassistischer Praxis im 19. Jahrhundert

Arendt, Hannah: Elemente und Ursprünge totaler Herrschaft [1955], München 2005.
Bielefeld, Ulrich: Nation und Gesellschaft. Selbstthematisierungen in Deutschland und Frankreich, Hamburg 2003.
Berding, Helmut: Moderner Antisemitismus in Deutschland, Frankfurt 1988.
Eckert, Andreas: Kolonialismus, Frankfurt 2006.
Finzsch, Norbert, Dietmar Schirmer (Hg.): Identity and Intolerance: Nationalism, Racism, and Xenophobia in Germany and the United States, Cambridge 1998.
Geulen, Christian: Wahlverwandte. Rassendiskurs und Nationalismus im späten 19. Jahrhundert, Hamburg 2004.
Grosse, Pascal: Kolonialismus, Eugenik und bürgerliche Gesellschaft in Deutschland 1850–1918, Frankfurt 2000.

Holz, Klaus: Nationaler Antisemitismus, Hamburg 2001.
Mosse, George L.: Geschichte des Rassismus in Europa [1978], Frankfurt 1993.
Osterhammel, Jürgen: Kolonialismus. Geschichte, Formen, Folgen, München 1995.
Stocking, George: Race, Culture and Evolution: Essay in the History of Anthropology, Chicago 1983.
Wehler, Hans-Ulrich: Nationalismus. Geschichte, Formen, Folgen, München 2001.
Wirz, Albert: Sklaverei und kapitalistisches Weltsystem, Frankfurt 1984.
Volkov, Shulamit: Antisemitismus als kultureller Code, München 2000.

VIII. Das 20. Jahrhundert und die Entfesselung der Biopolitik

Agamben, Giorgio: Homo Sacer. Die souveräne Macht und das nackte Leben, Frankfurt 2002.
Alexander, Neville: Südafrika. Der Weg von der Apartheid zur Demokratie, München 2001.
Aly, Götz, Susanne Heim: Vordenker der Vernichtung. Auschwitz und die deutschen Pläne für eine neue europäische Ordnung, Frankfurt 1993.
Bajohr, Frank u. a. (Hg.): Zivilisation und Barbarei. Die widersprüchlichen Potentiale der Moderne, Hamburg 1991.
Becker, Peter E.: Wege ins Dritte Reich. Sozialdarwinismus, Rassismus, Antisemitismus und völkischer Gedanke, Stuttgart 1990.
Berghahn, Volker: Europa im Zeitalter der Weltkriege. Die Entfesselung und Entgrenzung der Gewalt, Frankfurt 2002.
Browning, Christopher: Ganz normale Männer. Das Reserve-Polizeibataillon 101 und die ‹Endlösung› in Polen, Reinbek 1993.
Clark, Nancy L., William H. Worger: South Africa. The Rise and Fall of Apartheid, London 2004.
Herbst, Ludolf: Das nationalsozialistische Deutschland 1933–1945. Die Entfesselung der Gewalt, Rassismus und Krieg, Frankfurt 1996.
Kühl, Stefan: Die Internationale der Rassisten. Aufstieg und Niedergang der internationalen Bewegung für Eugenik und Rassenhygiene im 20. Jahrhundert, Frankfurt 1997.
Voegelin, Eric: Rasse und Staat, Tübingen 1933.
Weingart, Peter u. a. (Hg.): Rasse, Blut und Gene. Eine Geschichte der Eugenik und Rassenhygiene in Deutschland, Frankfurt 1992.
Wildt, Michael: Volksgemeinschaft als Selbstermächtigung. Gewalt gegen Juden in der deutschen Provinz 1919–1939, Hamburg 2007.

IX. Gegenwart und Zukunft des Rassismus

Balibar, Etienne, Immanuel Wallerstein: Rasse, Klasse, Nation. Ambivalente Identitäten, Hamburg 1990.
Balke, Friedrich u. a. (Hg.): Schwierige Fremdheit: Über Integration und Ausgrenzung in Einwanderungsländern, Frankfurt 1993.
Bielefeld, Ulrich (Hg.): Das Eigene und das Fremde. Neuer Rassismus in der alten Welt?, Hamburg 1998.
Geyer, Christian (Hg.): Biopolitik. Die Positionen, Frankfurt 2001.
Heitmeyer, Wilhelm: Deutsche Zustände. Folge 5, Frankfurt 2007.
Kaupen-Haas, Heidrun, Christian Saller (Hg.): Wissenschaftlicher Rassismus: Analysen seiner Kontinuität in den Human- und Naturwissenschaften, Frankfurt 1999.
Kay, Lily: Das Buch des Lebens. Wer schrieb den genetischen Code?, Frankfurt 2005.
Michaels, Walter B.: Our America. Nativism, Modernism and Pluralism, Durham 1995.
Taylor, Charles: Multikulturalismus und die Politik der Anerkennung. Mit einem Beitrag von Jürgen Habermas, Frankfurt 1992.
Terkessidis, Mark: Kulturkampf. Volk, Nation, der Westen und die Neue Rechte, Köln 1996.

Personenregister

Sachregister